MAYA TEXTILES from GUATEMALA
# ANCESTRY and ARTISTRY
# HÉRITAGE ANCESTRAL et ARTISANAT
LES TEXTILES MAYA du GUATEMALA

Curated by/réalisée par
**Roxane Shaughnessy**

TEXTILE MUSEUM of CANADA
May 29 – October 13, 2013
Du 29 mai au 13 octobre 2013

Library and Archives Canada Cataloguing in Publication

Textile Museum of Canada, host institution issuing body
    Ancestry and artistry : Maya textiles from Guatemala / curated by Roxane Shaughnessy ; with contributions by James C. Langley, Rosario Miralbés de Polanco, Ann Pollard Rowe, Donna E. Stewart, Mary Anne Wise = Héritage ancestral et artisanat : les textiles mayas du Guatemala / réalisée par Roxane Shaughnessy ; avec les contributions de James C. Langley, Rosario Miralbés de Polanco, Ann Pollard Rowe, Donna E. Stewart, Mary Anne Wise.

Includes bibliographical references.
Text in English and French.
Catalogue of an exhibition held at the Textile Museum of Canada, Toronto, Ontario, from May 29 to October 13, 2013.
ISBN 978-0-9809088-2-4 (pbk.)

    1. Maya textile fabrics--Guatemala--Exhibitions. 2. Mayas--Clothing-- Guatemala--Exhibitions. I. Shaughnessy, Roxane Elizabeth, 1952-, curator II. Langley, James C, author III. Miralbés de Polanco, Rosario, author IV. Rowe, Ann P, author V. Stewart, Donna E., 1943-, author VI. Wise, Mary Anne, author VII. Textile Museum of Canada. Ancestry and artistry. VIII. Textile Museum of Canada. Ancestry and artistry. French. IX. Title. X. Title: Héritage ancestral et artisanat.

F1435.3.T48T49 2013        746.089'97407281        C2013-902555-3E

Catalogage avant publication de Bibliothèque et Archives Canada

Textile Museum of Canada, institution hôte, organisme de publication
    Ancestry and artistry : Maya textiles from Guatemala / curated by Roxane Shaughnessy ; with contributions by James C. Langley, Rosario Miralbés de Polanco, Ann Pollard Rowe, Donna E. Stewart, Mary Anne Wise = Héritage ancestral et artisanat : les textiles mayas du Guatemala / réalisée par Roxane Shaughnessy ; avec les contributions de James C. Langley, Rosario Miralbés de Polanco, Ann Pollard Rowe, Donna E. Stewart, Mary Anne Wise.

Comprend des références bibliographiques.
Texte en français et en anglais.
Catalogue d'une exposition présentée au Textile Museum of Canada, Toronto, Ontario, du 29 mai au 13 octobre 2013.
ISBN 978-0-9809088-2-4 (br.)

    1. Textiles et tissus mayas--Guatemala--Expositions. 2. Mayas--Costume-- Guatemala--Expositions. I. Shaughnessy, Roxane Elizabeth, 1952-, conservateur II. Langley, James C, auteur III. Miralbés de Polanco, Rosario, auteur IV. Rowe, Ann P, auteur V. Stewart, Donna E., 1943-, auteur VI. Wise, Mary Anne, auteur VII. Textile Museum of Canada. Ancestry and artistry. VIII. Textile Museum of Canada. Ancestry and artistry. Français. IX. Titre. X. Titre: Héritage ancestral et artisanat.

F1435.3.T48T49 2013        746.089'97407281        C2013-902555-3F

Textile Museum of Canada
55 Centre Avenue
Toronto, ON M5G 2H5

With support from the Museums Assistance Program of the Department of Canadian Heritage /Exposition réalisée avec le soutien du Programme d'aide aux musées du ministère du Patrimonie canadien

Contributors/Collaborateurs :
**James C. Langley**
**Rosario Miralbés de Polanco**
**Ann Pollard Rowe**
**Donna E. Stewart**
**Mary Anne Wise**

Exhibitors/Exposantes :
**Andrea Aragón**
**Verónica Riedel**
**Jean-Marie Simon**

Project Assistant/Adjointe au projet : **Tara Bursey**
English editing/Révision anglaise : **Chloë Sayer**
French translation/Traduction française : **Editext**
Design/Conception : **Adams + Associates Design Consultants Inc.**
Printer/Imprimeur : **Warren's Waterless Printing Inc.**
Distribution/Distribution de l'exposition : **www.abcartbookscanada.com**

*frontispiece:*
Women wearing traje, San Mateo Ixtatán (Huehuetenango), 1979

Photo: Roxane Shaughnessy

*couverture:*
Femmes en traje, San Mateo Ixtatán (Huehuetenango), 1979

Photo : Roxane Shaughnessy

*page 2:*
Huipil, Todos Santos Cuchumatán, (Huehuetenango), late 20th century, Mam Maya

cotton and wool, supplementary weft on plain-weave ground, 79 x 91 cm

From the Collection of Donna E. Stewart, MD, T2012.23.4. Photo: Maciek Linowski

*page 2 :*
Huipil, Todos Santos Cuchumatán, (Huehuetenango), fin du XXe siècle, Maya Mam

coton et laine, fils de trame supplémentaire sur fond tissé uni, 79 x 91 cm

De la collection de Donna E. Stewart, MD, T2012.23.4. Photo : Maciek Linowski

# TABLE of CONTENTS/TABLE des MATIÈRES

## EXECUTIVE DIRECTOR'S FOREWORD

In many ways, Guatemala exemplifies the complex interplay of tradition and innovation in a contemporary global context. Although an extensive history of cultural contact and conflict has impacted the Central American country and its aesthetic practices, the influence of ancestral cosmology and symbolism endures. Textiles have played an integral role in Maya communities over centuries—a cornerstone of both cultural and economic survival offering an exceptional lens into evolving cultural identities, influences, and world views.

*Ancestry and Artistry: Maya Textiles from Guatemala*, curated by Roxane Shaughnessy, explores the richness of Maya weaving, a practice deeply rooted in the past that remains an essential form of expression in the present. Featuring historic and contemporary garments from the Textile Museum of Canada's permanent collection that capture a breadth of local materials and techniques, the exhibition also integrates the work of contemporary artists Andrea Aragón and Verónica Riedel, as well as photo-journalist Jean-Marie Simon. The result is a layered creative dialogue that provides insight into the legacy of visual storytelling that infuses everyday lives as well as the dynamic intersection of aesthetics and politics at play at every moment.

A rich repository of cultural heritage representing over 13,000 artifacts, archaeological to contemporary, the Textile Museum of Canada is uniquely positioned to speak to such

## AVANT-PROPOS de la DIRECTRICE GÉNÉRALE

De bien des façons, le Guatemala est un bel exemple de la rencontre complexe que le monde d'aujourd'hui suscite entre la tradition et l'innovation. Même si ce pays d'Amérique centrale a une longue histoire d'échanges culturels et de conflits qui se reflète dans ses pratiques esthétiques, l'influence de la cosmologie et du symbolisme mayas ancestraux continue de se faire sentir. Les textiles ont joué un rôle intégral dans les communautés mayas au fil des siècles – ils ont largement contribué à la survie culturelle et économique des Mayas et offrent à ce titre une perspective exceptionnelle sur l'évolution des identités culturelles mayas, et des influences et conceptions du monde qui sont les leurs.

L'exposition *Héritage ancestral et artisanat: Les textiles mayas du Guatemala*, de la conservatrice Roxane Shaughnessy, explore la richesse du tissage maya, une pratique profondément ancrée dans le passé qui reste une forme d'expression essentielle du présent. L'exposition, qui met en valeur des vêtements anciens et contemporains de la collection permanente du Textile Museum of Canada, présente un éventail de matériaux et de techniques locaux en plus d'intégrer les œuvres des artistes contemporaines Andrea Aragón et Verónica Riedel, ainsi que de la photojournaliste Jean-Marie Simon. Il en résulte un dialogue créatif, à multiples niveaux, qui donne un aperçu d'un patrimoine historique, relaté au quotidien, et du croisement qui se fait, jour après jour, entre l'esthétique et la politique.

Weaver Marina Saminez
July 22, 2009
Los Encuentros, (Sololá)

Photo: Ken McGuffin

Tisserande Marina Saminez
Le 22 juillet 2009
Los Encuentros (Sololá)

Photo : Ken McGuffin

changing experiences in a global context. We are indebted to Donna E. Stewart for her significant gift to the Museum's Guatemalan textile collection, and to all of the collection donors represented in this exhibition for their commitment to ensuring access to these vital cultural materials for future generations. The writers and artists reflected in these pages have also enriched our understanding, deftly engaging the culture of Guatemala in a manner that communicates the vitality and complexity of a living, evolving cultural landscape.

This project owes its genesis and realization to a host of individuals. I would like to thank the Board of Trustees of the Textile Museum of Canada for their leadership as well as our skilled and dedicated staff and volunteers for their characteristic enthusiasm and ingenuity. An undertaking like this would not be possible without their close cooperation. I would like to thank Joan VanDuzer for her vision and philanthropic commitment to the evolution of *Ancestry and Artistry*, and for her support of the research at its core. We are grateful for the generous support of the Museums Assistance Program of the Department of Canadian Heritage in the development of this exhibition, the accompanying catalogue, and national tour, as well as the assistance of the Ontario Ministry of Tourism, Culture, and Sport, the Canada Council for the Arts, Ontario Arts Council, and Toronto Arts Council.

*Shauna McCabe*
*Executive Director, Textile Museum of Canada*

Riche dépositaire d'un patrimoine culturel qui compte plus de 13 000 objets, de l'antiquité à aujourd'hui, le Textile Museum of Canada est particulièrement bien placé pour parler de ces expériences de changement dans un contexte mondial. Nous sommes très reconnaissants à Donna E. Stewart pour son précieux don à la collection de textiles guatémaltèques du Musée, ainsi qu'à tous les donateurs de la collection représentés dans cette exposition pour leur désir d'ouvrir aux futures générations l'accès à ces objets culturels d'une importance vitale. Les auteurs des textes et les artistes que ces pages révèlent ont aussi enrichi notre compréhension, en présentant adroitement la culture guatémaltèque de manière à communiquer à la fois la vitalité et la complexité de son paysage.

Ce projet doit sa genèse et sa réalisation à de nombreuses personnes. J'aimerais remercier le conseil d'administration du Textile Museum of Canada qui a soutenu le projet avec conviction ainsi que les membres de notre personnel, si compétents et si dévoués, sans oublier nos bénévoles pour leur enthousiasme et leur ingéniosité. Sans l'étroite collaboration de toutes ces personnes, nous n'aurions pu mener à bien une entreprise d'une telle envergure. Je désire aussi remercier Joan VanDuzer pour sa vision et son engagement philanthropique enversl'exposition, et son soutien à la recherche. Nous sommes aussi reconnaissants au Programme d'aide aux musées du ministère du Patrimoine canadien qui nous a aidés à monter cette exposition, à produire le catalogue et à organiser une tournée nationale. Nous avons aussi bénéficié de l'aide du ministère du Tourisme, de la Culture et du Sport de l'Ontario, du Conseil des arts du Canada, du Conseil des arts de l'Ontario et du Toronto Arts Council.

*Shauna McCabe*
*Directrice générale, Textile Museum of Canada*

Fig. 1
Map of Guatemala

Fig. 1
Carte du Guatemala

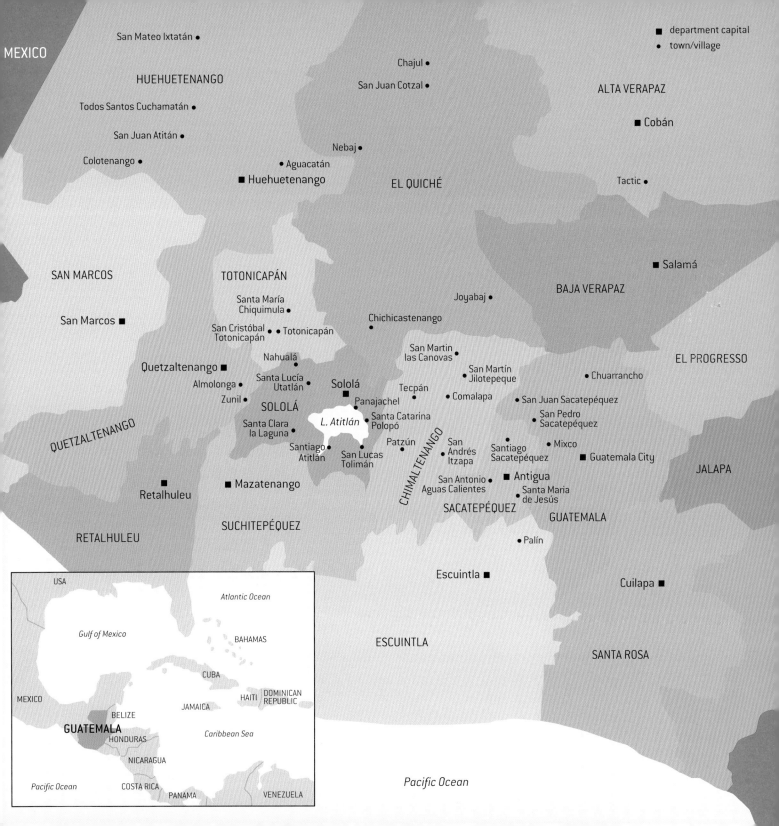

Roxane Shaughnessy

# ANCESTRY and ARTISTRY
## Maya Textiles from Guatemala
# HÉRITAGE ANCESTRAL et ARTISANAT
## Les textiles mayas du Guatemala

*To wear [Maya dress] is to accept the invitation written by our ancestors: 'Our children, do not abandon us'; that 'to wear Maya dress is to tell ourselves and others: I am Maya, we are Maya, we continue and will continue to be Maya'; and that 'to teach the boys and girls to weave is to make them literate in the art of expressing themselves with colors, threads, and Maya forms and designs'. – Cholb'al Samaj 1991[1]*

*Porter [l'habillement maya], c'est accepter l'invitation que nous ont faite nos ancêtres : « Enfants, ne nous abandonnez pas ». « Porter l'habillement maya, c'est dire, aux Mayas et aux autres : je suis maya, nous sommes toujours mayas et toujours nous le serons », et « enseigner aux garçons et aux filles à tisser, c'est leur apprendre l'art de s'exprimer avec des couleurs, des fils, des formes et des motifs mayas ». – Cholb'äl Samaj, 1991[1]*

## TRAJE AND MAYA IDENTITY

Guatemala has long been celebrated for the richness of its indigenous Maya culture; it has also suffered periods of violent cultural repression, most recently during the 1980s. *Traje*, the elaborate traditional dress of the Maya, is the primary visual expression of Maya identity in Guatemala today. Although various pressures have led some individuals to abandon their traditional clothing, it is still worn by several million people of Maya descent (approximately 60 percent of the population of Guatemala): they maintain a distinctive culture and way of life in the Guatemalan highlands, speak over 20 languages, and continue to innovate and express

## LE TRAJE ET L'IDENTITÉ MAYA

Le guatemala a longtemps été reconnu pour la richesse de sa culture indigène maya. Il est aussi passé par de violentes périodes de répression culturelle, dont la plus récente date des années 1980. Aujourd'hui, le *traje*, l'habillement traditionnel élaboré des Mayas, est la principale manifestation visuelle de l'identité maya au Guatemala. Bien que des pressions diverses en ont amené certains à abandonner l'habillement traditionnel, plusieurs millions de Guatémaltèques d'origine maya continuent de le porter. Les Mayas représentent 40 p. 100 de la population du pays; établis dans les hautes terres guatémaltèques, ils ont une culture et un mode de vie propres; ils parlent plus de

Fig. 2
Men wearing traje, San Juan Atitán
(Huehuetenango), 1979.
Photo: Roxane Shaughnessy

Fig. 2
Hommes en traje, San Juan Atitán
(Huehuetenango), 1979.
Photo : Roxane Shaughnessy

themselves through vibrant handmade clothing. [2] *Ancestry and Artistry: Maya Textiles from Guatemala* explores the interplay of artistic form and cultural identity, as well as the possibilities for cultural survival.

Cloth holds great importance for the Maya, and traje plays a crucial role in the traditional patterns of community life. Whether worn for religious ceremonies, as an emblem of ethnic pride, or sold in tourist markets, traje maintains a vital link with the ancestral past; it is also a symbol of change, and a medium for innovation and creative expression. [3]

Maya traditional dress can be regarded as 'text' or 'message': it conveys information, and provides a visual means of communicating ideas, values and aspects of Maya culture. [4] Each highland community has a distinctive form of local dress, which is distinguished from that of its neighbours by colour, style, design motifs, and manner of wearing.

Women's traje consists of a brightly coloured hand-woven *huipil* (blouse) and a wrap-around *corte* (skirt) secured at the waist by a *faja* (sash). It often includes a distinctive *cinta* (hair ribbon), *perraje* (shawl), apron, *sobrehuipil* (over-huipil) and *su't* (headcloth). Men's traje consists of trousers, a belt or sash, shirt and hat; it may also include a *rodillera* (hip-wrap), overpants, jacket, *capixay* (overtunic) and *su't* (fig.2).

Traje is not worn by ladinos, who align themselves with Europeanized Western culture. They comprise approximately 40 percent of the population of Guatemala: their primary language is Spanish, and they are generally better educated, and more integrated into the national economy than non-ladinos.

Elements of traje indicate the wearer's identity and status within the community, and reveal the maker's skill as a weaver or embroiderer. They are intimately associated with the cycle of human experience—everyday activities, and ceremonies that require special clothing. Textile techniques, the construction and shape of individual garments, the colour and imagery of designs together with the placement of motifs, all serve to link the wearer with his or her community. [5]

In recent years, political upheaval, economic pressures and globalization have led to dramatic social changes; these,

20 langues; et ils continuent de s'exprimer et d'innover à travers un art textile qui reste très vivant. [2] L'exposition *Héritage ancestral et artisanat: Les textiles mayas du Guatemala* explore le croisement de la forme artistique et de l'identité culturelle, et les avenues de la survie culturelle.

Le vêtement occupe une grande place dans la vie des Mayas et le traje joue un rôle crucial dans les expressions traditionnelles de la vie communautaire. Porté lors de cérémonies religieuses, arboré comme emblème ethnique ou vendu sur les marchés touristiques, le traje maintient un lien vital avec le passé ancestral. C'est aussi un symbole de changement et un moyen d'innover et d'exprimer sa créativité. [3]

Le vêtement traditionnel maya peut être vu comme un « texte » ou un « message ». Il est porteur d'une information et fournit un moyen de communiquer visuellement des idées, des valeurs et des aspects de la culture maya. [4] Chaque communauté des hautes terres a son habillement propre, qui se distingue par sa couleur, son style, ses motifs et la façon de le porter.

Le traje des femmes consiste en un *huipil* (blouse) tissé à la main, de couleurs vives, et d'une *corte* (jupe) enroulée autour de la taille et maintenue par une *faja* (ceinture de tissu). Il s'accompagne souvent d'une *cinta* (ruban pour les cheveux), d'un *perraje* (châle), d'un tablier, d'un *sobrehuipil* (huipil de dessus) et d'un *su't* (fichu). Le traje des hommes, lui, comprend des pantalons tenus par une ceinture de tissu, une chemise et un chapeau. Peuvent s'y ajouter une *rodillera* (bande de tissu portée autour des hanches), un pantalon de dessus, une veste, un *capixay* (tunique de dessus) et un *su't* (fig.2).

Les Ladinos, de culture occidentale plus européanisée, ne portent pas le traje. Au Guatemala, les Ladinos représentent environ 40 p. 100 de la population. Ils parlent surtout l'espagnol et sont généralement plus éduqués et mieux intégrés à l'économie nationale que les non-Ladinos.

Certains éléments du traje révèlent l'identité et le statut social de la personne qui le porte, et témoignent de l'habileté de la tisserande ou de la brodeuse qui les ont créés. Les vêtements mayas sont étroitement associés au cycle de l'expérience humaine — les activités quotidiennes et les cérémonies, qui nécessitent des vêtements particuliers. Les techniques textiles

Fig. 3
Weaver using a backstrap
loom, Todos Santos
(Huehuetenango), 1979.

Photo: Roxane Shaughnessy

Fig. 3
Tisserande et son métier
à courroie dorsale, Todos Santos
(Huehuetenango), 1979.

Photo : Roxane Shaughnessy

in turn, have brought about the loss or transformation of textile-making traditions. Nevertheless, the Maya have largely retained their identity, they remain strongly attached to their collective traditions or *costumbre*.

Traje is rooted in the ancient culture of the Maya, which reached its height during the Classic Period (300 – 900 CE) Women have woven cloth on a backstrap loom using cotton and plant fibres, since long before the Spanish conquest in the 16th century (fig.3). Guatemala has white cotton, but it also produces a native brown strain called *ixcaco*. Originally hand-spun, cotton was dyed with a range of natural dyes, then woven into cloth with four finished selvedges. The

et la construction et la forme des vêtements, leurs couleurs et toute l'imagerie des motifs en plus de la position de ces motifs sur le vêtement relient la personne qui le porte à sa communauté.[5]

Ces dernières années, les troubles politiques, les pressions économiques et la mondialisation ont causé des bouleversements sociaux qui, à leur tour, ont mené à la disparition ou à la transformation des traditions textiles. Néanmoins, les Mayas ont réussi dans une large mesure à préserver leur identité et restent très attachés à leurs *costumbres* (coutumes collectives).

Le traje tire son origine de l'ancienne culture maya qui a connu son apogée à la période classique (300 – 900 après J.C.).

introduction by Spanish settlers of sheep's wool, silk, and the treadle loom led to innovations in textile-making, and added new elements to indigenous weaving practices. Silk was used profusely in the 1930s, in particular in Chichicastenango. In recent decades, the range of materials has widened to include commercial yarns, such as acrylic and mercerized cotton; industrially produced chemical dyes give modern textiles their vivid colouring.[6]

Today, the huipil is the most recognized item of Maya apparel. Made from two or three rectangular cloth panels, with side seams sewn or left open, it is patterned with supplementary weft decoration and embroidery. Designs convey symbolic information. When making a huipil, each weaver employs her artistic powers and greatest skill. Although machine-made blouses sometimes replace the huipil, Maya women continue to attach great importance to their traje, as a means of creative expression, and to pass on 'traditions and values from the past to the present, from one generation of women to the next'.[7]

## The Exhibition

The Textile Museum of Canada holds a collection of vibrantly coloured weavings, with evocative symbolic designs, from a number of communities in Guatemala. Most were donated by individuals who recognized the window textiles offer into the values and beliefs of Maya culture. Each community represented in this exhibition has a unique story to tell. Different insights are provided by the writers whose essays are included in this catalogue: responding to the themes of the exhibition, they have drawn on their own experiences and engagements with Guatemalan textiles.

*Weaving and Cosmology* traces the connections of the Maya textile tradition back to its ancient roots, and explores the symbolism in traje designs. *Tradition and Innovation* presents the evolving manifestations of Guatemalan textiles in the 20th and early 21st centuries, focusing both on ancient and contemporary influences. *The Local and the Global* explores weaving and Maya identity in the 21st century, and the translation of woven design elements into a new

L'art du tissage au moyen de métiers à courroie dorsale, que les femmes mayas pratiquent pour la confection des vêtements, remonte bien avant la conquête espagnole au XVIe siècle (fig. 3). Les femmes utilisaient autrefois des fibres de coton et d'autres fibres végétales. Le coton blanc pousse au Guatemala, mais on y trouve aussi un coton indigène naturellement brun appelé *ixcaco*. Autrefois filé à la main, le coton était teint au moyen d'une gamme de teintures naturelles, puis tissé pour former des morceaux de tissus aux lisières finies. L'introduction par les colons espagnols de la laine de mouton, de la soie et du métier à pédales a fait souffler un vent d'innovation dans la fabrication textile et les pratiques de tissage indigènes. Dans les années 1930, les tisserandes faisaient un grand usage de la soie, en particulier à Chichicastenango. Plus récemment, l'éventail des matériaux utilisés s'est encore élargi pour inclure des fils commerciaux, comme l'acrylique et le coton mercerisé. Les textiles modernes doivent leurs couleurs très vives à des teintures chimiques de fabrication industrielle.[6]

Aujourd'hui, le huipil est le plus connu des vêtements mayas. Fait de deux ou trois panneaux de tissu rectangulaires, dont les bords latéraux sont soit cousus soit laissés ouverts, le huipil est orné de décorations aux fils de trame supplémentaires ou de broderies. Les motifs ont une symbolique. Les tisserandes qui fabriquent les huipiles y appliquent tout leur art et tout leur savoir-faire. S'il arrive que des blouses de fabrication industrielle remplacent le huipil, les femmes mayas continuent d'accorder beaucoup d'importance au traje qui est devenu un moyen pour elles d'exprimer leur créativité et de [traduction] « transmettre les traditions et valeurs du passé au présent, d'une génération de femmes a l'autre ».[7]

## L'exposition

Le Textile Museum of Canada a une collection de pièces tissées, aux couleurs vibrantes et aux motifs évocateurs, qui lui viennent de diverses communautés du Guatemala. La plupart sont des dons de personnes qui comprennent que ces textiles sont comme un livre ouvert sur les valeurs et les croyances de la culture maya. Chaque communauté représentée dans cette exposition a une histoire unique à raconter. Les auteurs des

form—hooked rugs, produced to generate income for Maya women—as described by Mary Anne Wise. The work of Guatemalan photo-artists Andrea Aragón and Verónica Riedel provides a contemporary voice: their relationship with indigenous textiles leads them to reference themes of Maya identity, and to engage with the global influences that are shaping rural life. Jean-Marie Simon's striking photographs explore the lived experiences of the Maya people, an environment shaped by inherited traditions as well as the devastating effects of civil war.

Donna E. Stewart recently presented the Textile Museum of Canada with over 200 Guatemalan textiles—the largest donation of its kind in the Museum's history. Here, she describes her experiences as she built up this important collection over a 50 year period. During her many trips to Guatemala, she has observed changes in traje in different towns and villages. Ann Rowe's essay looks at evolving huipil styles in several Maya communities, and the sharing of design

essais ajoutés à ce catalogue présentent des perspectives différentes : en réponse aux thèmes de l'exposition, ils sont allés chercher leur inspiration dans leur expérience et leur engagement personnels avec les textiles guatémaltèques.

*Tissage et cosmologie* retrace les liens entre l'art textile maya et ses racines, et explore le symbolisme des motifs du *traje*; la deuxième, *Tradition et innovation,* présente l'évolution des textiles guatémaltèques au XXᵉ et au début du XXIᵉ siècles, et fait ressortir à la fois les influences anciennes et contemporaines; enfin, la troisième, *Du local au mondial,* explore le tissage et l'identité maya au XXIᵉ siècle, et la transposition de cet art dans une forme nouvelle (celle des tapis crochetés qui peut représenter une autre source de revenu pour les femmes mayas), décrite par Mary Anne Wise. Les œuvres photographiques des artistes guatémaltèques Andrea Aragón et Verónica Riedel offrent une voix contemporaine : leur relation avec les textiles indigènes les amène à traiter des thèmes de l'identité maya et à s'intéresser aux courants mondiaux qui transforment la vie rurale. Les photos

elements among these communities. Rosario Miralbés de Polanco, in her essay, explains the rise of mass-produced 'indigenous' dress, and discusses the impact on Maya identity of pan-Maya clothing styles. James Langley's article recounts a devastating event—the 1976 earthquake, which brought Guatemalan weavers together with officials from the Canadian embassy, who provided aid to stricken communities. In San Andrés Itzapa, Maya women wove tributes using traditional forms that incorporated woven messages to communicate their thanks to the Canadian government.

The textiles shown here are a re-creation in thread of the Maya world. Their exquisite designs reveal the deep respect that the Maya have for their natural environment. Many collectors and visitors to Guatemala, profoundly moved by the beauty of the textiles and by the skill of the weavers, feel transformed by the experience. I share the intense admiration expressed by Traci Ardren for Maya weavers who, through their hard work, 'transport us as viewers to a magical and sacred world of imagery and design'.[8]

We recognize how deeply connected Maya culture is to the earth and spirit world, and are reminded of what is being lost in the rapid globalization of our world.

*'When a woman weaves a blouse to allow her head to rest upon the body of a bird with its wings extended, it is clear that the spirits of animals and humans are closely linked in Maya belief, through dreams of freedom and flight. When the number of diamonds nestled together on the belt worn by a high ranking Maya man are counted, the prayers he offers to the sun, the stars, and the cardinal order of the Universe are made more transparent.'*[9]

Although we do not know the identity of the makers, the Guatemalan textiles in this exhibition take us on a journey through a century of Maya textile production. They celebrate the Maya as a vibrant living culture that has succeeded in preserving a central core of ideas, practices and worldview. Traje is unique in its ability to be simultaneously traditional and new, weaving the past and the present together in timeless patterns.[10]

saisissantes de Jean-Marie Simon explorent le vécu des Mayas, un monde d'où transpirent les traditions ancestrales et le troublant héritage de la guerre civile.

Donna E. Stewart a récemment fait don au Textile Museum of Canada de 200 textiles guatémaltèques. C'est sans contredit le don le plus important en son genre de l'histoire du Musée. Ici, elle décrit ses expériences au fil des voyages qu'elle a faits pendant cinquante ans pour enrichir sa collection. Pendant ses nombreux séjours au Guatemala, elle a observé l'évolution du traje dans différentes communautés. Dans son essai, Ann Rowe analyse les styles de huipiles de plusieurs communautés mayas, et les échanges d'influences et de motifs entre ces communautés. Rosario Miralbés de Polanco, dans son essai, explique la montée des vêtements « indigènes » de fabrication de masse et discute de son incidence sur l'identité maya et la « généralisation » du style vestimentaire maya. Dans son article, James Langley relate un événement dévastateur, le tremblement de terre de 1976, qui a amené des tisserandes guatémaltèques à travailler avec des représentants de l'ambassade du Canada chargés de venir en aide aux communautés éprouvées. À San Andrés Itzapa, les femmes mayas ont tissé des objets selon les formes traditionnelles qui intégraient des messages tissés de remerciement au gouvernement du Canada.

En réalité, les textiles présentés ici recréent le monde maya par les fils. Leurs superbes motifs révèlent le profond respect des Mayas pour leur environnement naturel. Nombreux sont les collectionneurs et visiteurs du Guatemala qui en reviennent très émus par la beauté des textiles et l'adresse des tisserandes et qui se sentent transformés par l'expérience. Je partage d'ailleurs la profonde admiration de Traci Ardren pour les tisserandes mayas qui, par leur labeur, [traduction] « nous transportent dans un monde d'imagerie extraordinaire à la fois magique et sacré ».[8]

Nous reconnaissons le lien étroit qui lie la culture maya à la Terre et au monde spirituel, et qui nous rappelle les pertes qu'entraîne la rapide mondialisation.

*« Quand une femme tisse une blouse pour que sa tête repose sur le corps d'un oiseau aux ailes grand ouvertes, il apparaît clairement que, dans l'esprit maya, les esprits des animaux et des humains partagent les mêmes rêves*

## WEAVING AND COSMOLOGY

*'Indigenous artists no longer paint codices and murals, but their weavings gather up the countryside. They drape themselves in it—clothing themselves in sunsets, birds, flowers, hillsides and butterflies'* – Luis Cardoza y Aragón[11]

For centuries, Maya cosmology has focused on the cycle of time and on recreating the new from what has already passed. The moon goddess Ixchel is associated with weaving; textiles offer a window into the rich tapestry of Maya cosmological beliefs, providing a link between the spirit world and the human world.

The roots of contemporary highland dress, including the basic technology of the backstrap loom and the shape of the woman's huipil, go back at least 1500 years. The textile traditions of the Maya—like their languages and worldview —demonstrate the enduring nature of Maya culture. Images of elaborately woven huipiles and skirts, together with other garments from the Classic Period, are visible on carved stelae (stone monuments) at archaeological sites; they also appear on ceramics, murals, and in illustrated books or codices. The distinctive hair ribbon worn by Maya women today has many similarities with those seen on pre-Hispanic figurines.[12]

Maya textiles are rich in visual imagery. The continuity of religious ideas—although threatened by the influence of Catholicism and Protestantism—is expressed through woven patterns that convey symbolic information, and through clothing styles designed for ceremonial purposes. Worn during vital *cofradía* activities, women's finely woven huipiles and men's headcloths provide a glimpse into the sacred space of Maya ritual and ceremony.

## Cofradía

Spain implanted the cofradía system in the New World in the mid 16th century, in an effort to convert the indigenous population to Catholicism. The cofradía is a religious sodality: members are entrusted with the care of the images of village saints; they are also responsible for organizing the celebration of their feast days. Through participation and communal service, members gain prestige and honour. Over time, as the

*de liberté. Quand on compte les losanges qui ornent la ceinture d'un haut-personnage maya, on sait le nombre de prières qu'il offre au soleil, aux étoiles, et du coup, l'ordre cardinal de l'Univers devient plus transparent. »*[9]

Même si nous ne connaissons pas l'identité de leurs créatrices, les textiles guatémaltèques de cette exposition nous font voyager à travers un siècle de production textile maya. Ils célèbrent les Mayas et leur culture très vivante qui a réussi à préserver les idées fondamentales, les pratiques et la façon de voir le monde de son peuple. Le traje a cette capacité unique d'être à la fois traditionnel et nouveau, de tisser ensemble le passé et le présent en des motifs intemporels.[10]

## TISSAGE ET COSMOLOGIE

*« Les artistes indigènes ne peignent plus de codices et de murales mayas, mais leurs tissages embrassent le paysage. Les artistes s'en drapent et se revêtent de soleils couchants, d'oiseaux, de fleurs, de collines et de papillons. »* – Luis Cardoza y Aragón[11]

Pendant des siècles, la cosmologie maya s'est fondée sur le cycle du temps et la constante renaissance des êtres et des choses. La déesse de la lune Ixchel est associée au tissage. Les textiles révèlent à nos yeux, sur un riche fond de tapisserie, l'ensemble des croyances cosmologiques des Mayas et font le lien entre le monde des esprits et le monde des humains.

L'habillement contemporain des hautes terres guaté-maltèques est issu d'une tradition vieille de 1 500 ans au moins, tout comme la technique de base du métier à tisser à courroie dorsale et la forme du huipil des femmes. La tradition textile des Mayas — comme leurs langues et leur vision du monde — témoigne de la pérennité de cette culture. Sur des stèles (monuments de pierre) retrouvées dans des sites archéologiques, apparaissent gravées des images de huipiles et de cortes au tissage complexe, accompagnés d'autres vêtements de la période classique. Ces images, on les retrouve aussi sur des céramiques, sur des murailles et dans des livres (ou codices) illustrés. Le ruban pour les cheveux distinctif des femmes mayas d'aujourd'hui rappelle les rubans des figurines préhispaniques.[12]

states of the saints became identified with ancestral gods from the local pantheon, cofradías became subverted to the practice of pre-Christian ritual and religion, while apparently upholding Catholic devotions.

The cofradía system, which gives full expression to Maya values, allows individuals to integrate their own lives with the life of the community.[13] Some cofradías have been weakened by the violence of recent decades, and by the incursions of Protestant missionaries into Maya communities. Yet the system continues, even today, to provide a concrete link to the past. Because the Maya are able to reshape the institution to meet their own needs, it serves as the main political force in the struggle for Maya survival.[14] In communities with an active cofradía, it preserves ritual knowledge; it also promotes the survival of the distinctive garments worn by cofradía members (fig. 4).

## Symbols

Highland weavers use a wide range of design motifs: often drawn from the natural world, these include bird, animal, and plant forms. Other designs incorporate geometric patterns such as zigzags, diamonds, and chevrons. Many symbols communicate a cultural message that draws on the rich universe of Maya cosmology, passed down through oral tradition and ritual practices.[15] After the arrival of Spanish settlers, the Maya adopted additional motifs such as the horse, peacock, chicken and cow.[16]

In San Martín Jilotepeque, the ceremonial over-huipil features a woven horizontal zigzag. This motif, often referred to as the feathered serpent,[17] is one of the most widespread symbols in Maya textiles (fig. 5). The feathered serpent was of great importance to the ancient Maya, because it represented the god Kukulcán. Before the conquest, it was often carved in stone or painted on ceramics.

The ceremonial plate, *rupan laq*, or *rupan plato*, is a design found on the huipil and over-huipil in Comalapa (figs. 6, 43).[18] In Maya tradition, if one wants to ask the gods for a favour—a good harvest, for example—one must first make them an offering.[19] Decorated earthenware plates are used by cofradía

Les textiles mayas sont riches par leur imagerie. La persistance des idées religieuses, même si elles sont menacées par les influences du catholicisme et du protestantisme, s'exprime à travers les motifs tissés et toute leur symbolique, et dans les styles de vêtements réservés aux cérémonies. Portés à l'occasion d'activités spéciales de la *cofradía*, les huipiles finement tissés des femmes et les couvre-chefs des hommes nous permettent de pénétrer un tant soit peu l'espace sacré du rituel et des cérémonies mayas.

## La Cofradía

C'est au milieu du XVIe siècle que l'Espagne a implanté dans le Nouveau Monde le système des cofradías dans l'idée de convertir les indigènes au catholicisme. La cofradía est une congrégation religieuse : en plus de devoir prendre soin des images des saints du village, les membres ont aussi pour responsabilité d'organiser la célébration des jours de fête. Par leur participation et leur service communautaire, les membres gagnent en honneur et prestige. Avec le temps, les statues des saints ont pris les vertus des dieux ancestraux du panthéon local, les membres des cofradías sont retournés à leurs rituels et croyances préhispaniques, tout en ayant une dévotion toute catholique.

Le système des cofradías, qui favorise la pleine expression des valeurs mayas, permet à chacun d'intégrer sa vie à celle de la communauté.[13] Certaines cofradías ont été affaiblies par la violence des dernières décennies et par les incursions des missionnaires protestants dans les communautés mayas. Pourtant, le système continue encore aujourd'hui à établir un lien concret avec le passé. Parce que les Mayas peuvent donner à l'institution la forme qui répond à leurs besoins, celle-ci devient la principale force politique dans leur lutte pour la survie.[14] Dans les communautés dotées d'une cofradía active, elle préserve la connaissance des rituels, elle encourage le port de l'habillement traditionnel distinct par ses membres (fig. 4).

## Symboles

Les tisserandes des hautes terres se servent d'un large éventail de motifs. Souvent inspirés du monde naturel, ces motifs peuvent représenter des oiseaux, d'autres animaux ou des

Fig. 5
Cofradía huipil, San Martín
Jilotepeque, late 20th century,
Kaqchikel Maya

cotton, supplementary weft on plain-
weave ground, embroidered, 54 x 80 cm

Gift of Lily Yung, T2009.19.1
Photo: Maciek Linowski

Fig. 5
Huipil de la cofradía,
San Martín Jilotepeque,
fin du XXᵉ siècle, Maya Kaqchikel

coton, fils de trame supplémentaire sur
fond tissé uni, brodé, 54 x 80 cm

Don de Lily Yung, T2009.19.1
Photo : Maciek Linowski

members to make ritual offerings of fruit and bread in the church, asking for God's blessings.[20] The use of plates to bear offerings is very old. It is illustrated in the *Dresden Codex*: this pre-conquest book, one of the few that survive, was written in hieroglyphic script on paper made from the pounded inner bark of a wild species of Ficus.

One of the earliest symbols is the so-called 'tree of life', often linked with the *ceiba*—the sacred tree of the ancient Maya. It is called *kotz'i'jan* in San Pedro Sacatepéquez, where it appears on the over-huipil worn for wedding ceremonies and cofradía rituals (figs. 7a, b). In the words of one weaver, reported by anthropologist Barbara Knoke de Arathoon, the tree is like a woman's life: she bears flowers and fruit, and the branches are her children—'life is never-ending and that is why it is called the tree of life ... we are many, we are like a tree. The grandparents said it was so ...'[21] The image also

plantes. On voit aussi des motifs géométriques et des zigzags, des losanges et des chevrons. Les symboles communiquent bien souvent un message culturel qui renvoie au riche univers de la cosmologie maya, transmise de génération en génération par la tradition orale et les rituels.[15] Après l'arrivée des colons espagnols, les Mayas ont adopté d'autres motifs comme ceux du cheval, du paon, de la poule et de la vache.[16]

À San Martín Jilotepeque, le huipil de cérémonie (ou « de dessus ») présente des motifs horizontaux en zigzags. Ce motif, qu'on désigne souvent du nom de « serpent à plumes »[17] est l'un des plus répandus parmi les symboles textiles mayas (fig. 5). Le serpent à plumes jouait un grand rôle dans l'ancienne symbolique maya, parce qu'il représentait le dieu Kukulcán. Avant la conquête, il était souvent représenté au moyen de sculptures de pierre ou de peintures sur des céramiques.

À Comalapa, on retrouve sur le huipil et le huipil de dessus le motif de l'assiette cérémonielle, appelée *rupan laq ou rupan plato* (fig. 6, 43).[18] Dans la tradition maya, si on veut demander une faveur aux dieux, par exemple une bonne récolte, il faut d'abord leur faire une offrande.[19] Les membres de la cofradía se servent d'assiettes en terre cuite pour faire ces offrandes rituelles de fruits et de pains qu'ils offrent, à l'église, en échange des bienfaits des dieux.[20] L'utilisation d'assiettes pour ces offrandes remonte à très longtemps. On voit déjà des illustrations de ces assiettes

**Fig. 6**
Huipil, Comalapa, early 1980s,
Kaqchikel Maya

cotton and acrylic, supplementary
weft on plain-weave ground,
63 x 76 cm

Gift of Dr. Dale MacGillivray, T98.0094
Photo: Maciek Linowski

**Fig. 6**
Huipil, Comalapa, début des années
1980, Maya Kaqchikel

coton, fil acrylique, fils de trame
supplémentaire sur fond tissé uni,
63 x 76 cm

Don de Dr. Dale MacGillivray, T98.0094
Photo : Maciek Linowski

refers to the tree that stands at the centre of the earth, and
was believed by the ancient Maya to connect the terrestrial
world to the spirit world above.

Another symbol used in San Pedro Sacatepéquez is the
'dead turkey' or 'fiesta turkey', represented by a bird with its
neck bent backwards (fig. 8). Like the 'tree of life', it appears
on the ceremonial over-huipil. During the wedding ceremony,
a fiesta turkey—stuffed with corncobs and decorated with
carnations—is presented as an offering by the parents
of the groom to the bride's parents, and eaten during the
celebrations that follow.[22]

The image of the double-headed eagle appears on many
woven textiles, in particular the huipiles, over-huipiles and
headcloths of Chichicastenango and Nahualá (fig.9). The

dans le *Codex de Dresde*, un livre antérieur à la conquête. Écrit en
hiéroglyphes, ce livre, fait de l'écorce intérieure battue de figuier
sauvage, est l'un des rares qui ait survécu.

L'un des symboles les plus anciens est celui de l'« arbre de
vie », souvent lié à la *ceiba* — l'arbre sacré des Mayas antiques.
Appelé *kotz'i'jan* à San Pedro Sacatepéquez, il apparaît sur le huipil
de dessus réservé aux cérémonies de mariage et aux rituels de la
cofradía (figs. 7a, b). Pour reprendre les paroles d'une tisserande,
reproduites par l'anthropologue Barbara Knoke de Arathoon,
l'arbre de vie est comme la vie d'une femme : elle apporte les
fleurs et les fruits, les branches sont ses enfants — « la vie ne finit
jamais; c'est pourquoi on l'appelle l'arbre de vie; nous sommes
nombreuses, nous sommes comme les arbres. C'est ce que
disaient nos grands-parents... ».[21] L'image renvoie aussi à l'arbre
qui se tient debout au centre de la Terre et qui, selon les Anciens,
faisait le lien entre le monde terrestre et le monde spirituel.

Un autre symbole utilisé à San Pedro Sacatepéquez est celui
de la « dinde morte » ou « dinde de fête », représenté par un
oiseau au cou plié vers l'arrière (fig. 8). Comme l'« arbre de
vie », il apparaît sur le huipil de cérémonie. Lors des mariages,
les parents du marié donnent aux parents de la mariée une dinde
de fête, farcie d'épis de maïs et décorée d'œillets. La dinde est
mangée pendant les célébrations qui suivent.[22]

L'image de l'aigle bicéphale se retrouve sur de nombreux
textiles tissés, en particulier les huipiles, les huipiles de dessus
et les fichus de Chichicastenango et de Nahualá (fig. 9). L'aigle
harpie, originaire d'Amérique centrale et d'Amérique du Sud,
revêtait une signification particulière pour les Mayas qui parlent le
K'iche' et qui étaient appelés les « fils de l'aigle, fils de l'aube ».[23]
Quand les Espagnols ont conquis les K'iche' au XVIe siècle, ils ont
récompensé leur bravoure en leur permettant d'adopter l'image
de l'aigle bicéphale, alors un insigne de la couronne espagnole et
le symbole de l'empire austro-hongrois. Pendant cette période
de transition, les Mayas ont été obligés d'abandonner les motifs
textiles jugés « païens » par les colonisateurs espagnols et forcés
d'en adopter d'autres d'Espagne. L'aigle bicéphale, qu'on pouvait
voir de deux façons, servait donc à deux fins : c'était le symbole
des Habsbourg espagnols, mais il représentait aussi le *kot*, le dieu
bicéphale à la double nature. Selon Barbara Knoke de Arathoon,

**Fig. 7a**
Over-huipil, San Pedro Sacatepéquez,
mid 20th century, Kaqchikel Maya

cotton, supplementary weft on plain-weave ground,
embroidered, 63 x 109 cm

From the Collection of Donna E. Stewart, MD,
T2012.23.28. Photo: Maciek Linowski

**Fig. 7a**
Huipil de cérémonie, San Pedro Sacatepéquez,
milieu du XXᵉ siècle, Maya Kaqchikel

coton, fils de trame supplémentaire sur
fond tissé uni, brodé, 63 x 109 cm

De la collection de Donna E. Stewart, MD,
T2012.23.28. Photo : Maciek Linowski

**Fig. 7b**
Detail of huipil, San Pedro Sacatepequez,
"tree of life"

**Fig. 7b**
Détail de huipil, San Pedro Sacatepéquez,
« arbre de vie »

**Fig. 8**
Detail of huipil, San Pedro Sacatepequez,
"dead turkey"

**Fig. 8**
Détail de huipil, San Pedro Sacatepéquez,
« dinde morte »

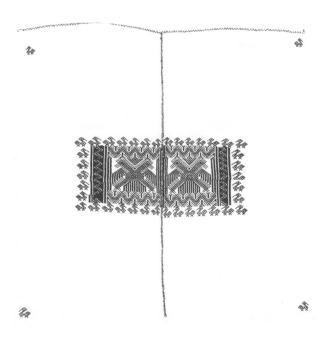

Fig. 9
Head cloth, su't, Nahualá,
mid 20th century, K'iche' Maya

cotton, supplementary weft on
plain-weave ground, 71 x 73 cm

From the Collection of Donna E. Stewart, MD,
T2012.23.82. Photo: Maciek Linowski

Fig. 9
Fichu, su't, Nahualá,
milieu du XXe siècle, Maya K'iche

coton, fils de trame supplémentaire
sur fond tissé uni, 71 x 73 cm

De la collection de Donna E. Stewart, MD,
T2012.23.82. Photo : Maciek Linowski

harpy eagle, which is indigenous to Central and South America, held special significance for the K'iche'-speaking Maya, who were known as 'sons of the eagle, sons of the dawn'. [23] When Spanish forces conquered the K'iche' in the 16th century, they rewarded them for their bravery by allowing them to adopt the image of the double-headed eagle. This insigne, from the Spanish crown, was the symbol of the Austro-Hungarian empire. The Maya, during this time of transition, were obliged to abandon textile designs seen as 'pagan' by Spanish colonizers, and forced to adopt others from Spain. The double-headed eagle, which could be viewed in two ways, thus served two purposes: it was the Spanish Hapsburg symbol, but it also represented *kot*, the

une des têtes regarde vers l'avant, l'autre vers l'arrière; une voit le bien, l'autre le mal; une tourne son regard vers la terre, l'autre vers le paradis. [25]

Les motifs des huipiles en gaze de Cobán (Alta Verapaz) étaient associés aux anciens mythes mayas; certains reprenaient des images d'une légende préhispanique qui représentait le Soleil et la Lune. [26] Cet exemple montre des personnages à cheval : ce sont les messagers qui font le lien entre les mondes spirituel et humain; les petits motifs représentent le soleil (fig. 10).

Les vêtements portés par les hommes de Chichicastenango figurent parmi les plus frappants des hautes terres du Guatemala, mais ils ne sont plus portés maintenant qu'à l'occasion des cérémonies (fig. 11). Les hommes tissent la laine sur un métier à pédales et brodent ensuite le vêtement dont la construction rappelle les vêtements espagnols d'autrefois. Les pantalons de laine ont des rabats latéraux brodés où on retrouve le symbole du soleil avec ses rayons. La vision du monde des K'iche' s'articule autour des mouvements du soleil. [27]

Le temple principal à Utatlán, l'ancienne capitale des K'iche', était dédié au dieu solaire Tojil. [28] Autrefois, les Mayas croyaient

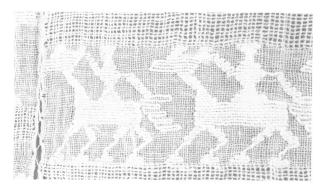

Fig. 10
Huipil, Cobán, mid 20ᵗʰ century,
Kekchi Maya

cotton, gauze weave, 109 x 90 cm

Anonymous Gift, T86.0769
Photo: Maciek Linowski

Fig. 10
Huipil, Cobán, milieu du XXᵉ siècle,
Maya Kekchi

coton, gaze, 109 x 90 cm

Don anonyme, T86.0769
Photo : Maciek Linowski

double-headed deity with a dual nature.[24] As described by Barbara Knoke de Arathoon, one head looks forward, while the other looks back; one sees good, while the other sees evil; as one looks at the earth, the other looks heavenwards.[25]

The motifs on the gauze-woven huipiles of Cobán (Alta Verapaz) were associated with ancient Maya myths; some incorporate images illustrating a pre-Hispanic legend featuring the Sun and Moon.[26] This example features figures on horseback: they can be seen as messengers between the human and spirit worlds; the small motifs are sun symbols (fig. 10).

The clothing worn by men in Chichicastenango is one of the most striking in highland Guatemala, although it is now used solely for ceremonial occasions (fig. 11). Men weave the

que le soleil avait besoin de l'aide des humains pour traverser le ciel. L'étendue des broderies et des motifs sur les pantalons témoignent du statut social de la personne qui les porte, selon qu'il s'agit d'un garçon, d'un jeune homme ou d'un Ancien. À mesure que l'homme passe à travers les étapes de la vie, les décorations au point de chaînette deviennent de plus en plus élaborées.[29]

Le symbole du soleil, représenté par un cercle entouré de triangles, se retrouve aussi sur les motifs brodés des huipiles de San Mateo Ixtatán, de même que le long de l'encolure des huipiles de Chichicastenango.

## TRADITION ET INNOVATION

« Ce qui dure, cependant, n'est pas nécessairement statique : le changement lui-même peut être une qualité prévisible et pérenne de la vie… » – Carol Hendrickson[30]

Au fil des siècles, les Mayas not largement préservé leur identité tout en répondant aux développements du monde plus vaste. Depuis le début au XXᵉ siècle, l'habillement maya a évolué : les styles traditionnels — de tous les jours ou de cérémonie

Fig. 11
Man's ceremonial attire,
(back view) Chichicastenango,
mid 20th century, K'iche' Maya

wool, cotton, woven, embroidered
and machine-sewn, 63 x 148 cm,
54 x 50 cm

Gift of Joan VanDuzer, T2006.10.5-6
Photo: Maciek Linowski

Fig. 11
Costume de cérémonie
pour homme, (vue de dos)
Chichicastenango, milieu
du XXe siècle, Maya K'iche'

laine, coton, tissé, brodé, cousu à la
machine, 63 x 148 cm, 54 x 50 cm

Don de Joan VanDuzer, T2006.10.5-6
Photo : Maciek Linowski

wool cloth on a treadle-loom, and embroider the designs. The construction resembles archaic Spanish garments. The woollen trousers have side-flaps embroidered with rayed sun symbols: the K'iche' worldview is centered on the sun's movements.[27]

The main temple at Utatlán, the ancient K'iche' capital, was dedicated to the sun god Tojil.[28] In ancient times, the Maya believed that the sun required assistance by humans in its movement across the sky. The amount of embroidery and the pattern on the trousers indicate the wearer's social status as a boy, young man or elder. As the man moves from one stage to another, the elaboration of the chain-stitched decoration increases.[29]

Sun symbolism, depicted as a circle surrounded by triangles, also appears in the embroidered designs of the San Mateo Ixtatán huipil, and around the neck opening of huipiles from Chichicastenango.

## TRADITION AND INNOVATION

*'What endures, however, is not necessarily static: change itself can be a predictable, enduring quality of life ...'*
—Carol Hendrickson [30]

Over the centuries, the Maya have largely retained their identity while at the same time responding to developments in the wider world. Since the start of the 20th century, Maya clothing has been gradually evolving: traditional styles of dress—for everyday and ceremonial use—now co-exist with modern versions that feature commercial cloth and machine embroidery. As in the past, the huipil is worn with pride; it links the wearer with her community. At the same time, however, modernization has brought changes to the Maya way of life, and has affected the different meanings and values that attach to traje.[31]

Cultural, religious, economic, technological and political factors have all had an impact on backstrap weaving, the role of traje, and Maya identity. After 1890, many men were forced by economic pressures to leave their villages, and to work for months at a time on coastal ladino plantations. Hoping to be less conspicuous, and to avoid discrimination, they adopted

— coexistent maintenant avec des versions modernes, faites de tissus industriels et de broderies à la machine. Comme par le passé, le huipil est porté avec fierté; il fait le lien entre la femme qui le porte et sa communauté. En même temps, toutefois, la modernisation a apporté un vent de changement dans le mode de vie des Mayas et modifié le sens et les valeurs rattachés au traje.[31]

Les facteurs culturels, religieux, économiques, technologiques et politiques ont tous eu un impact sur le tissage traditionnel, le rôle du traje et l'identité maya. Après 1890, de nombreux hommes ont été forcés, pour des raisons économiques, de partir travailler pendant des mois dans les plantations ladinas de la côte. Dans l'espoir de passer inaperçus et d'éviter la discrimination, ils ont adopté l'habillement occidental. Le coût des matériaux et le temps exigés par le tissage du traje ont aussi eu des conséquences profondes sur le port des vêtements traditionnels. Aujourd'hui, le Guatemala importe d'Amérique du Nord de grandes quantités de vêtements usagés de style occidental, qu'il est facile de se procurer à peu de frais.

Pendant la récente guerre civile qui a duré 36 ans et qui a été marquée, au début des années 1980, par des campagnes anti-insurrectionnelles, la violence et l'instabilité politiques ont fait que de nombreux Mayas ont choisi de quitter les régions rurales, alors que d'autres ont été déplacés de force par l'Armée. Trop souvent, ces réfugiés se sont sentis obligés d'abandonner l'habillement traditionnel de peur d'être identifiés. « Nous avons cessé de porter le traje pour éviter d'être emmenés par les militaires, kidnappés et torturés », a expliqué un exilé qui avait fui au Mexique.[32] Comme en rend compte Beverly Gordon, les déplacements de population survenus pendant la guerre civile ont aggravé le problème de la pauvreté; ce facteur, en plus de la mort des soutiens de famille et de la perte des terres agricoles de subsistance, a déstabilisé les communautés, érodé les traditions de la vie familiale et contribué aux changements sociaux.[33]

La montée du protestantisme a aussi entraîné des répercussions sur de nombreuses communautés des hautes terres : elle a ébranlé les pratiques religieuses traditionnelles, affaibli le pouvoir des cofradías et découragé le port du traje. Les protestants ne participent ni à la cofradía ni aux célébrations des fêtes des saints. Le message des évangéliques protestants

Western-style clothing. The cost of purchasing materials, and the time involved in weaving traje, has had a profound effect on the wearing of traditional dress. Used garments, cheap and easily accessible, are now imported in large quantities from North America.

During the recent civil war, which lasted for 36 years and included the counter-insurgency campaigns of the early 1980s, political violence and instability caused many Maya to leave the countryside, while others were forcibly re-located by the army. All too often, these refugees felt compelled to abandon their traditional dress for fear of being identified. 'We have stopped wearing it so they will not take us, so they will not kidnap and torture us' stated one exile who had fled to Mexico.[32] As Beverly Gordon has reported, displacement during the civil war led to an increase in poverty; this factor, together with the death of family wage earners and the loss of subsistence-level agricultural lands, destabilized communities, eroded traditions of family life, and contributed to social changes.[33]

The rise of Protestantism has also affected many highland communities: it has impacted on traditional religious practices, weakening the power of the cofradía system and the wearing of traje. Protestants do not participate in the cofradía system or saint's day celebrations; their evangelical message focuses on individual salvation and advancement, rather than the collective good. In areas where Protestantism has taken hold, it has bitterly divided many communities.

Of course weaving traditions are dynamic, and change is an ongoing process. As traje evolves, it assimilates technological and material innovations, and reflects historical influences and social upheavals. After 1930, rising numbers of tourists, an ambitious road-building program, and the wide range of imported yarns all helped to accelerate the rate of innovation.[34] In recent years, more accessible education and the increased mobility of Maya women have exposed backstrap weavers to new ideas and materials.

Personal choice plays an ever-greater role, giving rise to fashions in traje and affecting the way it is worn. Now that weavers are free to exercise their taste and imagination, and

porte principalement sur le salut et l'avancement individuel, et non sur le bien-être collectif. Dans les régions où le protestantisme a gagné beaucoup de terrain, les communautés sont amèrement divisées.

Bien entendu, la tradition du tissage est une tradition dynamique, où le changement est un processus continu. À mesure que le traje évolue, le tissage assimile les innovations technologiques et matérielles, et se fait l'écho des influences historiques et sociales. Après 1930, le nombre grandissant de touristes, un ambitieux programme de construction de routes et le large éventail de fils importés ont contribué à accélérer l'innovation.[34] Ces dernières années, une éducation plus accessible et la mobilité croissance des femmes mayas ont exposé les tisserandes des métiers à courroie dorsale à de nouvelles idées et à de nouveaux matériaux.

Le choix personnel intervient de plus en plus dans la fabrication et favorise l'apparition de modes qui se manifestent tant dans l'apparence du vêtement que dans la façon de le porter. Maintenant que les tisserandes peuvent se laisser aller à leur inspiration et imagination, et expérimenter avec de nouveaux matériaux, elles conçoivent constamment de nouvelles formes et de nouveaux dessins. Comme Ann Rowe l'a noté dans son essai, les motifs et les styles d'une région des hautes terres apparaissent dans le traje d'autres communautés. Parfois, les changements consistent en l'introduction de nouvelles techniques de tissage pour donner lieu à de nouveaux motifs ou à de nouvelles broderies, industrielles ou artisanales. Pendant le dernier siècle, les modèles pour le point de croix se sont répandus sur les marchés et ont favorisé l'intégration de nouveaux motifs européanisés dans le répertoire visuel guatemaltèque.[35]

Quel effet l'oppression politique, les facteurs économiques, la religion et la mondialisation ont-ils eu sur l'identité maya et le port du traje? Les messages communiqués par les vêtements ont-ils changé? Ces essais, et l'exposition qui les accompagne, se veulent une exploration de toutes ces idées au travers des textiles de plusieurs communautés. Ils proposent aussi de situer les pratiques traditionnelles et leur évolution, dans le contexte de la société maya et du monde d'aujourd'hui.

to experiment with new materials, they constantly devise new forms and patterns. As Ann Rowe notes in her essay, designs and styles from one area of the highlands have been borrowed and incorporated into traje from other communities. Sometimes style changes involve the introduction of different weaving techniques to accommodate new designs, and the use of hand or machine embroidery as embellishment. During the last century, when cross-stitch pattern diagrams became available in markets, Europeanized designs entered the Guatemalan visual repertoire.[35]

How have Maya identity, and the wearing of traje, been affected by political oppression, economic factors, religion and globalization? Have the messages communicated through cloth changed? These essays, and the accompanying exhibition, will seek to explore these ideas by looking at textiles from several communities, and to frame traditional practices, and chart their evolution, in the context of Maya society and the contemporary world.

## Santiago Atitlán

Santiago Atitlán, home of the Tz'utujil-speaking Maya, is situated on the shores of Lake Atitlán. Now a popular tourist destination, it experienced extensive violence during the civil war. Although the community is split between Protestants and traditionally-minded Catholics, textile traditions remain strong and dynamic. Many men and women still wear traje —the men's trousers are particularly distinctive. During the twentieth century, traje designs have undergone a series of striking changes.

In the 1890s, the huipil was white with narrow red stripes, no woven decoration, and embroidery on the neckline. During the early part of the 20th century, embroidered motifs were added. Over time the embroidery became more extensive (fig. 12). The 1960s saw the rise of naturalistic and ever-more luxuriant patterning.[36]

Between 1950 and 1965, weavers developed a new style and a different technique of supplementary weft patterning. Instead of handpicking to create the pattern—a time-consuming method—they used an extra shed and heddle

## Santiago Atitlán

Santiago Atitlán, communauté maya de langue tz'utujil, se trouve sur les rives du lac Atitlán. Devenue une destination touristique populaire, cette communauté a été la cible d'une extrême violence pendant la guerre civile. Même si elle est partagée entre les protestants et les catholiques traditionnels, les traditions textiles y demeurent très vivantes. Nombreux sont les hommes et les femmes qui continuent d'y porter le traje. Les pantalons des hommes se distinguent particulièrement. Tout au long du XX$^e$ siècle, les motifs du traje ont subi dans cette communauté une série de changements notables.

Dans les années 1890, le huipil était blanc avec de minces bandes de couleur rouge. Il n'arborait aucune décoration, ni tissée, ni brodée, pas même le long de l'encolure. Au début du XX$^e$ siècle, des broderies ont commencé à faire leur apparition, puis ont pris de plus en plus de place (fig. 12). Dans les années 1960 sont apparus des motifs d'inspiration naturaliste toujours plus élaborés.[36]

Entre 1950 et 1965, les tisserandes ont développé un nouveau style et une technique différente de décoration au moyen des fils de trame supplémentaires. Au lieu de glisser chaque fil manuellement pour créer le motif, une méthode très fastidieuse, elles se sont mises à utiliser une foule et une lisse supplémentaires pour accélérer le tissage. Il en résulte de petits motifs géométriques, répétés sur l'ensemble du huipil (fig. 13).[37] Cette innovation technique répondait sans doute au désir des tisserandes d'accroître rapidement leur production pour satisfaire la demande des touristes en nombre grandissant.

Dans les années 1990, la broderie a gagné en audace et en expressivité. Les dessins représentent des oiseaux de différentes tailles, des fleurs, des branches et d'autres choses encore (fig. 14). Cette diversification s'est étendue aux matériaux auxquels se sont ajoutés des fils métalliques et des perles de toutes sortes. Les sources d'inspiration sont variées. Donna E. Stewart cite notamment le livre *Audubon des oiseaux* (fig. 36). Les motifs qui apparaissent sur les pantalons des hommes ont connu une évolution stylistique similaire.

Contrairement à ces exemples élaborés, le huipil de la cofradía était habituellement simple, sans broderies ou motifs aux fils

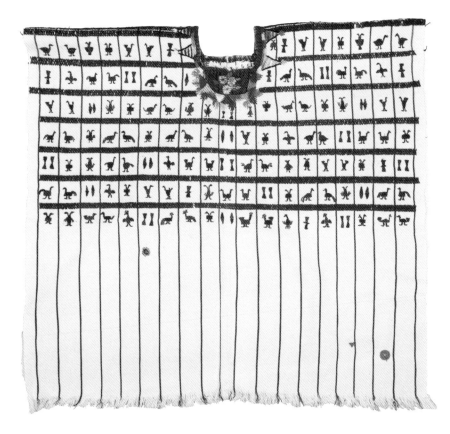

Fig. 12
Huipil, Santiago Atitlán,
mid 20ᵗʰ century, Tz'utujil Maya

cotton and synthetic, embroidered on plain
weave ground, 67 x 71 cm

From the Collection of Donna E. Stewart, MD,
T2012.23.105. Photo: Maciek Linowski

Fig. 12
Huipil, Santiago Atitlán,
milieu du XXᵉ siècle, Maya Tz'utujil

coton et synthétique, broderie sur fond
tissé uni, 67 x 71 cm

De la collection de Donna E. Stewart, MD,
T2012.23.105. Photo : Maciek Linowski

rod to speed up the weaving process. The resulting designs are small geometric forms, repeated right across the huipil (fig.13).[37] This technical innovation probably reflected the desire of weavers to produce huipiles at a faster pace for the tourists who were arriving in increasing numbers.

By the 1990s, the embroidery had become even bolder and more expressive. Designs showed birds of differing sizes, flowers, branches and other motifs (fig. 14); new materials included metallic thread, beads and imitation pearls. Inspiration was drawn from a variety of sources, including—as Donna E. Stewart reports—Audubon's *Folio of Birds* (fig. 36). The patterning on men's trousers have followed a similar stylistic development.

Unlike these elaborate examples, the cofradia huipil was usually plain, without supplementary weft or embroidered

de trame supplémentaires.[38] Divers styles coexistaient donc. Le style tikal, ainsi nommé en référence au site archéologique maya, s'est développé dans les années 1990. Il se caractérisait par la représentation de personnages mayas, tirés de sources préhispaniques. Son imagerie renforce le lien avec les ancêtres et le passé ancien. Les vêtements de style tikal — de fabrication coûteuse et longue — n'ont pas de signification religieuse et sont généralement vendus aux touristes. Néanmoins, ils constituent une association avec l'identité maya au sens large (fig.15).[39]

## Santo Tomás Chichicastenango
Santo Tomás Chichicastenango est située dans le département d'El Quiché et ses habitants sont les descendants du peuple K'iche', qui régnait sur Utatlán, le magnifique centre cérémonial préhispanique des hautes terres. Le *Popul Vuh*, livre sacré des

Fig. 13
Huipil, Santiago Atitlán,
mid 20th century, Tz'utujil Maya

cotton and synthetic, supplementary
weft on plain weave ground,
embroidered, 89 x 79 cm

Gift of Marian de Witt, T95.0393
Photo: Maciek Linowski

Fig. 13
Huipil, Santiago Atitlán,
milieu du XXe siècle, Maya Tz'utujil

coton et synthétique, fils de trame
supplémentaire sur fond tissé uni,
brodé, 89 x 79 cm

Don de Marian de Witt, T95.0393
Photo : Maciek Linowski

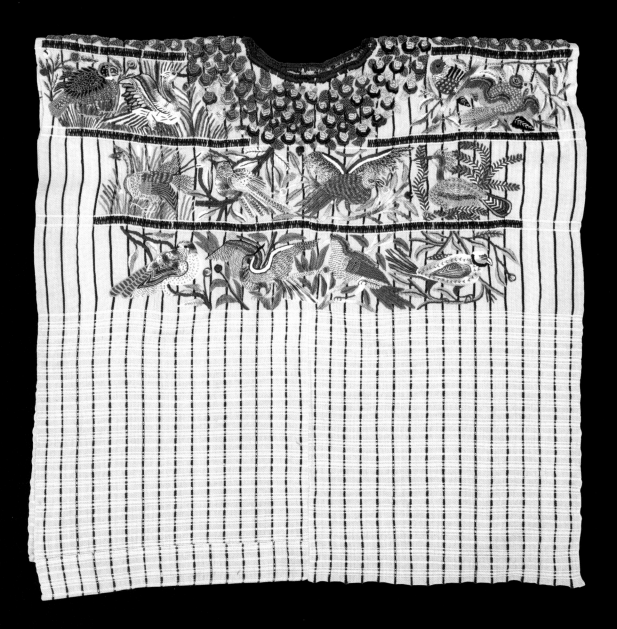

Fig. 14
Huipil, Santiago Atitlán, late 20th century, Tz'utujil Maya

cotton and synthetic, embroidered on plain weave ground,
machine-sewn, 79 x 79 cm

From the Collection of Donna E. Stewart, MD, T2012.23.99.
Photo: Maciek Linowski

Fig. 14
Huipil, Santiago Atitlán, fin du XXᵉ siècle, Maya Tz'utujil

coton et synthétique, broderie sur fond tissé uni, cousu à la machine,
79 x 79 cm

De la collection de Donna E. Stewart, MD, T2012.23.99.
Photo : Maciek Linowski

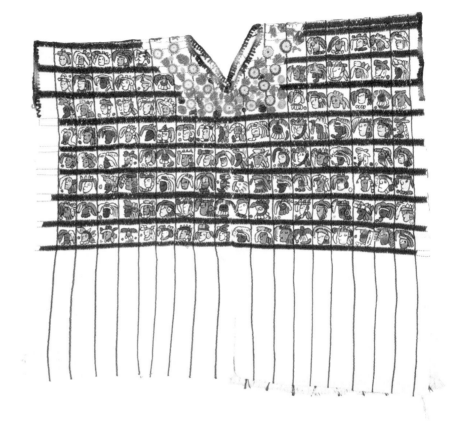

Fig. 15
Huipil, Santiago Atitlán, late 20th to early 21st century, Tz'utujil Maya

cotton and acrylic, embroidered on plain weave ground, 69 x 76 cm

From the Collection of Donna E. Stewart, MD, T2012.12.23. Photo: Maciek Linowski

Fig. 15
Huipil, Santiago Atitlán, fin du XXe au début du XXIe siècle, Maya Tz'utujil, Santiago Atitlán

coton, fil acrylique, broderie sur fond tissé uni, 69 x 76 cm

De la collection de Donna E. Stewart, MD, T2012.12.23. Photo : Maciek Linowski

patterning.[38] These various styles coexist. The Tikal style, named after the Maya archaeological site, started in the 1990s. It features representations of Maya figures, taken from pre-Hispanic sources. The imagery creates a connection to the ancestors, and evokes the ancient past. Tikal-style garments—expensive and labour-intensive to make—hold no religious significance and are generally sold to tourists, yet they represent an association with a broader Maya identity (fig. 15).[39]

## Santo Tomás Chichicastenango

Santo Tomás Chichicastenango is located in the department of El Quiché, and its inhabitants are descended from the K'iche' who ruled Utatlán, the magnificent pre-Hispanic ceremonial centre of the highlands. The *Popul Vuh*, the sacred book of the K'iche', was discovered in the archives of the colonial church. This proud heritage is reflected in the clothing worn

K'iche', a été découvert dans les archives de l'église coloniale. Ce riche patrimoine se retrouve dans l'habillement des Mayas de Chichicastenango : leur forte culture indigène accueille la nouveauté avec enthousiasme tout en préservant les traditions anciennes. Nombreux sont les habitants qui portent le traje et qui participent aux cérémonies. Comme Donna E. Stewart l'a noté dans son essai, les membres de la cofradía continuent de s'habiller dans les règles et de participer aux processions religieuses.

Le huipil de Chichicastenango est très chargé en symbolisme. Posées à plat, les sections brochées forment une croix qui représente le monde. Des rayons, symboliques du soleil, émanent de l'encolure dont émerge la tête de la personne qui porte le vêtement, en lieu et place du soleil. Des rosettes noires représentent les quatre points cardinaux. Des rayures rappellent les champs de maïs, alors que des motifs en zigzags évoquent les montagnes et les ailes des aigles.[40] Avant 1960, les huipiles étaient souvent ornés d'un aigle bicéphale (fig. 16)

Fig. 16
Huipil, Chichicastenango,
early to mid 20th century, K'iche' Maya

cotton and synthetic, supplementary weft on
plain weave ground, embroidered, 68 x 88 cm

Gift of Ken Melamed in honour of
Lanie Melamed, T04.12.27
Photo: Maciek Linowski

Fig. 16
Huipil, Chichicastenango,
début au milieu du XXᵉ siècle, Maya K'iche'

coton et synthétique, fils de trame
supplémentaire sur fond tissé uni, brodé,
68 x 88 cm

Don de Ken Melamed en l'honneur
de Lanie Melamed, T04.12.27
Photo : Maciek Linowski

by the Maya of Chichicastenango: their vigorous indigenous culture embraces the new, while simultaneously retaining older traditions. Many people wear traje, and participate in ceremonial activities. As Stewart notes in her essay, cofradía members still wear appropriate clothing and participate in religious processions.

The Chichicastenango huipil is highly symbolic. Laid out flat, the brocaded areas form a cross which represents the world. Rays, like those of the sun, emanate from the neckline; the wearer's head, like the sun, emerges from this opening. Black rosettes represent the four cardinal points. Stripes symbolize corn fields, while mountains and eagle wings are evoked by zigzag designs.[40] Huipiles made before 1960 were often embellished with a double-headed eagle (fig. 16). This motif, representational at the outset, became increasingly abstract (fig. 17); the zig-zag elements of the wings dominated, and soon the geometric designs completely covered the patterned ground.[41]

dont le dessin est devenu de plus en plus abstrait avec le temps (fig. 17). Les éléments en zigzag des ailes dominaient, mais rapidement, les motifs géométriques en sont venus à couvrir toute la section ornée du vêtement.[41]

Dans les années 1960, on a assisté à l'apparition de motifs d'un genre nouveau. Les tisserandes se sont intéressées aux motifs de fleurs naturalistes, reproduits sur du papier quadrillé à partir de modèles de point de croix européens, pour lesquelles elles ont mis au point une technique de tissage particulière (fig. 18).[42]

Le motif de l'aigle bicéphale a perduré davantage sur les huipiles de la cofradía, tandis que les motifs floraux coexistaient avec d'autres motifs plus traditionnels. Dans certains vêtements plus récents, le motif de l'aigle bicéphale a recommencé à faire son apparition.[43]

Les hommes de Chichicastenango ont des couvre-chef exceptionnellement élaborés. Avant 1910, les tissus qu'ils portaient sur la tête avaient un fond blanc avec des motifs de coton filé à la main (fig. 19).[44] D'autres présentaient un fond

Fig. 17
Huipil, Chichicastenango,
mid 20th century, K'iche' Maya

cotton and silk, supplementary weft on plain
weave ground, embroidered, 74 x 83 cm

From the Collection of Donna E. Stewart, MD,
T2012.23.20. Photo: Maciek Linowski

Fig. 17
Huipil, Chichicastenango,
milieu du XXe siècle, Maya K'iche'

coton et soie, fils de trame supplémentaire
sur fond tissé uni, brodé, 74 x 83 cm

De la collection de Donna E. Stewart, MD,
T2012.23.20. Photo : Maciek Linowski

The 1960s saw the introduction of a new type of patterning. Naturalistic flower designs, drawn on graph paper and inspired originally by European cross-stitch embroidery books, were adapted by weavers who developed a loom technique for this task (fig.18).[42]

The double-headed bird persisted longer in cofradía huipiles, while floral patterns coexisted with older more traditional forms. In some newer examples, the double-headed eagle motif has reappeared. [43]

The men of Chichicastenango wear unusually elaborate headcloths. Before 1910, examples with a white ground were woven from hand-spun cotton (fig.19);[44] others had a red cotton ground with thin black stripes, and featured brocaded designs done in cotton or silk (fig.20). Cofradía members wore a ceremonial headcloth: woven with lavish amounts of silk, it displayed a double-headed eagle (fig.21). During the 1950s, white headcloths started to disappear. Subsequent

rouge de coton, orné de minces rayures noires et de motifs brochés en coton ou en soie (fig. 20). Les membres de la cofradía portaient sur la tête un tissu de cérémonie tissé à grands renforts de soie et orné d'un aigle bicéphale (fig. 21). Ces tissus ont commencé à disparaître pendant les années 1950 pour être remplacés par des tissus aux motifs floraux européens, comme cela s'est fait pour le huipil[45] (fig. 22).

Pendant les années 1920, les tisserandes se servaient des fils de soie à leur disposition pour décorer les fichus de divers motifs complexes. Le tourisme commençait à s'étendre aux régions intérieures et les visiteurs appréciaient les textiles — dont un grand nombre ont abouti depuis dans des collections muséales du monde entier. Comme le fait remarquer Margot Blum Schevill, les vêtements de cette période sont vraiment de « beaux » exemples de tissages. Ils marquent le début de l'appréciation du monde extérieur pour l'art du tissage guatémaltèque.[46]

Fig. 19
Headcloth, su't, Chichicastenango,
1900 - 1910 , K'iche' Maya

handspun cotton, silk, supplementary
weft on plain weave ground, tasseled,
57 x 64 cm

Gift of Leslie and Kent Sheppard, T92.0204
Photo: Maciek Linowski

Fig. 19
Fichu, su't, Chichicastenango,
1900 - 1910, Maya K'iche'

coton filé à la main, soie, fils de trame
supplémentaire sur fond tissé uni, brodé,
orné de glands, 57 x 64 cm

Don de Leslie et Kent Sheppard, T92.0204
Photo : Maciek Linowski

Fig. 20
Headcloth, su't, Chichicastenango,
1920 - 1930 , K'iche' Maya

cotton, silk and wool, supplementary
weft on plain weave ground,  tasseled,
70 x 70 cm

Gift of Martha Kidd, T2006x0184
Photo: Maciek Linowski

Fig. 20
Fichu, su't, Chichicastenango,
1920 - 1930, Maya K'iche'

coton, soie et laine, fils de trame
supplémentaire sur fond tissé uni, brodé,
orné de glands, 70 x 70 cm

Don de Martha Kidd, T2006x0184
Photo : Maciek Linowski

design developments, which paralleled those of the huipil,
incorporated European floral motifs (fig.22).[45]

During the 1920s, weavers used the silk thread available
to them to pattern headcloths with a range of intricate designs.
Tourism was starting to make inroads, and visitors often
bought textiles—many of which are now in international
museum collections. As Margot Blum Schevill points out,
examples from this period are considered 'fine old weavings'.
They represent the beginning of the appreciation of the
artistry of Guatemalan weaving by the outside world.[46]

## Nahualá

Nahualá, near Lake Atitlán, is inhabited by K'iche' speakers.
The white ground of the local huipil is chiefly decorated in red:
it displays figures, animals and birds—often with bands of
zigzags and diamonds. The designs on the front and the back
are different. After 1940, a new type of non-colourfast yarn

## Nahualá

À Nahualá, près du lac Atitlán, vivent des Mayas de langue
K'iche'. Le fond blanc typique du huipil local est principalement
décoré en rouge : ses ornements peuvent représenterdes
personnages, des oiseaux et d'autres animaux et s'accompagnent souvent de bandes de zigzags ou de losanges. Les
dessins ne sont pas les mêmes sur les panneaux de devant
et de derrière. Après 1940, un nouveau type de fils de couleur
altérable a fait son apparition sur le marché. Les tisserandes ont
aimé les effets de la couleur qui déteignait. Elles se sont mises à
tremper leurs huipiles dans de l'eau savonneuse pour intensifier
cet effet.[47] Le huipil de la cofradía (fig. 4) se caractérise par un
aigle bicéphale — un motif qui apparaît aussi sur les bordures
des ceintures pour hommes (fig. 31).

Divers styles de tissages persistent à Nahualá. Le style
« tapis de sol » comprend des bandes de motifs verticaux en
losanges qui représentent souvent les quatre points cardinaux

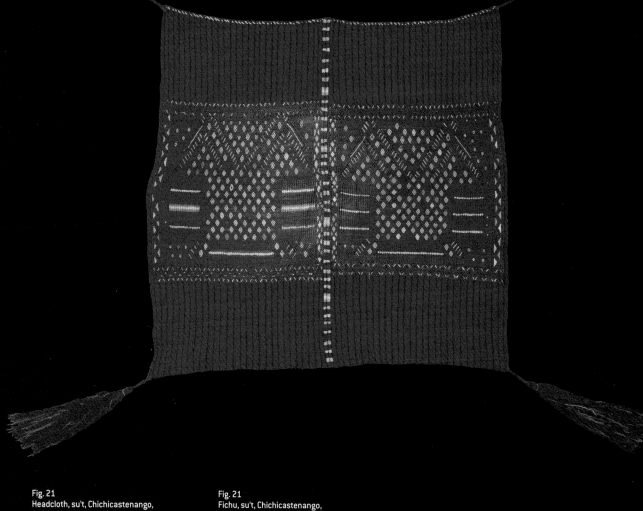

Fig. 21
Headcloth, su't, Chichicastenango,
1920 - 1930, K'iche' Maya

cotton, silk, supplementary weft on plain weave
ground, tasseled, 70 x 70 cm

From the Opekar/Webster collection, T94.0976
Photo: Maciek Linowski

Fig. 21
Fichu, su't, Chichicastenango,
1920 - 1930, Maya K'iche'

coton et soie, fils de trame supplémentaire sur fond
tissé uni, brodé, orné de glands, 70 x 70 cm

De la collection Opekar/Webster, T94.0976
Photo : Maciek Linowski

became available. When the dye ran, women liked the result. They even began to soak their huipiles in soapy water to intensify the effect.[47] The cofradía huipil (see fig.4) features a double-headed eagle—a design which also appears on the border of men's sashes (fig. 31).

A wide range of weaving styles persists in Nahualá. The 'floormat' design incorporates bands of vertical diamond motifs: these often represent the four cardinal points of the Maya world (fig. 23).[48] In her essay, Donna E. Stewart describes recent changes in the decoration of huipiles. Large animal motifs, mythical lions, jaguars, quetzal birds and Maya men have appeared (fig.24). Weavers are also using new colour combinations. After 1980, designs were brocaded in white, cream and pink (fig.25). Today, as women explore new variations in village design, some huipiles display an indigo ground embellished with rows of small brocaded animals such as deer—a popular Maya symbol (fig.26).

In Nahualá, which is isolated from tourists and wider influences, men and women continue to wear traje. When the civil war ended, demobilized soldiers arrived in the area and formed gangs. These pose a threat to travellers and local people, but—as Stewart describes—fine textiles are still made by the weavers of Nahualá.

## San Antonio Aguas Calientes

Ann Rowe, in her essay, documents the adoption of naturalistic designs during the 1930s by weavers in San Antonio Aguas Calientes. Based on cross stitch patterns, these were re-worked for the backstrap loom by skilled weavers, who even developed a special technique for the task. The resulting designs were the same on both sides of the fabric.

Sheldon Annis, in his pioneering 1987 study, looked at the relationship between weaving and religion in San Antonio Aguas Calientes, and compared the weavings made by Catholic and Protestant women. According to Annis, Catholic weavers used a more laborious method of brocading. Because they saw the huipil as a creative expression of individual and community identity, they were generous

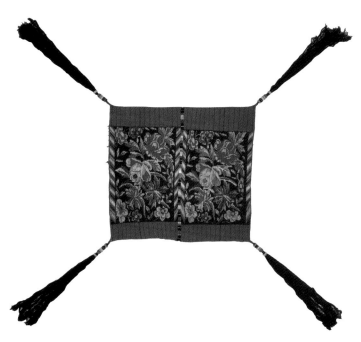

Fig. 22
Headcloth, su't, Chichicastenango, late 20th century, K'iche' Maya

cotton and synthetic, supplementary weft on plain weave ground, tasseled, 80 x 71 cm

Gift of Joan VanDuzer, T2006.10.4
Photo: Maciek Linowski

Fig. 22
Fichu, su't, Chichicastenango, fin du XXᵉ siècle, Maya K'iche'

coton et synthétique, fils de trame supplémentaire sur fond tissé uni, brodé, orné de glands, 80 x 71 cm

Don de Joan VanDuzer, T2006.10.4
Photo : Maciek Linowski

du monde maya (fig. 23).[48] Dans son essai, Donna E. Stewart décrit les récents changements survenus dans la décoration des huipiles en signalant notamment l'arrivée de motifs qui représentent de gros animaux, comme des lions mythiques, des jaguars ou des oiseaux quetzal, ou encore des hommes mayas (fig. 24). Les tisserandes jouent aussi avec de nouvelles combinaisons de couleurs. À partir des années 1980, les motifs sont devenus brochés en blanc, crème et rose (fig. 25). Aujourd'hui, les tisserandes proposent de nouvelles variantes stylistiques. Ainsi, certains huipiles présentent un fond bleu marine, orné de rangées de petits animaux brochés, comme des cerfs, symbole maya populaire (fig. 26).

À Nahualá, une communauté plus isolée et donc moins exposée au tourisme et autres sources extérieures d'influence, les hommes et les femmes continuent de porter le traje. Après

Fig. 23
Huipil, Nahualá, late 20<sup>th</sup> century,
K'iche' Maya

cotton, silk and synthetic, supplementary weft on plain-weave ground, embroidered, machine-sewn, 84 x 98 cm

From the Collection of Donna E. Stewart, MD, T2012.23.70
Photo: Maciek Linowski

Fig. 23
Huipil, Nahualá, fin du XX<sup>e</sup> siècle,
Maya K'iche'

coton, soie et synthétique, fils de trame supplémentaire sur fond tissé uni, brodé, cousu à la machine, 84 x 98 cm

De la collection de Donna E. Stewart, MD, T2012.23.70
Photo : Maciek Linowski

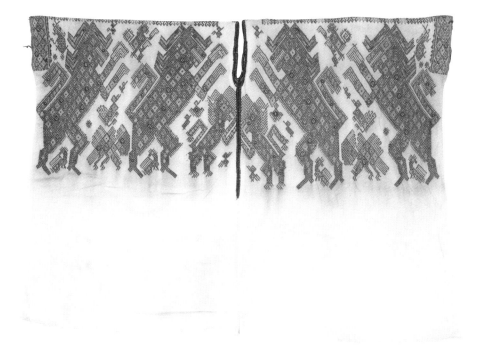

with their effort and their time. Protestant women no longer identify with the community, so they used a faster method of brocading. The extra effort, as they saw it, consumed more time for less economic gain. Although both methods would be indistinguishable to an outsider, weavers within the community 'read' each huipil and recognize the different techniques used. 'And as that culture changes, even splits under the pressure of religious conversion, the woven texts rewrite themselves to express the deeper underlying changes in communal values and self-identity.'[49]

## Tactic and Cobán

The department of Alta Verapaz remained relatively isolated until the late 19th century. The Maya who live here share a regional and community identity, even though several languages are spoken. The women of one community frequently wear the huipiles of another, and there is a high level of intercommunity borrowing of styles. By the 1950s,

la guerre civile, les soldats démobilisés sont revenus dans la région et ont formé des bandes criminelles qui constituent une menace pour les voyageurs et les habitants. Cela dit, les tisserandes de la région continuent, comme l'a décrit Donna E. Stewart, à produire de très beaux textiles.

## San Antonio Aguas Calientes

Dans son essai, Ann Rowe situe dans les années 1930 l'adoption de motifs naturalistes par les tisserandes de San Antonio Aguas Calientes. Les tisserandes plus expertes partaient de modèles pour le point de croix qu'elles adaptaient pour le métier à tisser à courroie dorsale. Elles ont même développé une technique particulière pour le faire. Il en résultait des dessins qui étaient pareils à l'endroit et à l'envers.

Sheldon Annis, dans son étude pionnière de 1987, a examiné la relation entre le tissage et la religion à San Antonio Aguas Calientes, et a comparé les tissages faits par les catholiques et les protestantes. Selon Annis, les tisserandes catholiques se servent

d'une technique de brochage plus laborieuse. Comme elles voient dans le huipil un moyen d'expression créative et identitaire à la fois individuelle et collective, elles sont prêtes à y consacrer plus de temps et d'efforts. Les protestantes ne s'identifiant plus à la communauté, elles préfèrent une méthode de brochage plus rapide. Pour elles, le jeu n'en valait pas la chandelle. Même si, aux yeux d'un néophyte, les deux méthodes sont indiscernables, les tisserandes de la communauté « lisent » les huipiles et reconnaissent la technique utilisée. « Avec les changements culturels qui se font jour et les scissions causées par la pression des conversions religieuses, les « textes » tissés sont constamment réécrits pour servir de témoins des changements profonds qui secouent les valeurs et l'identité communautaires. »[49]

## Tactic et Cobán

Le département d'Alta Verapaz est resté relativement isolé jusqu'à la fin du XIX<sup>e</sup> siècle. Les Mayas qui y vivent partagent une identité régionale et communautaire, même si plusieurs langues les distinguent. Il arrive souvent qu'une femme d'un village porte le huipil d'un autre, et les tisserandes font volontiers des échanges de styles entre communautés. C'est tellement vrai que, déjà dans les années 1950, il était difficile d'établir de quelle communauté venait un vêtement ou la personne qui le portait.[50] Ce huipil de Cobán (fig. 27) présente des caractéristiques de la région de Tactic (fig. 28). Il témoigne de cette pratique qui consiste à combiner les motifs et à échanger les styles, courante dans toute la région d'Alta Verapaz.[51]

it had become difficult to ascertain which community an individual or garment was from.[50] This Cobán huipil (fig. 27) has characteristics commonly associated with the Tactic area (fig. 28). It shows how design motifs are combined and styles shared in the Alta Verapaz region.[51]

## THE LOCAL AND THE GLOBAL

*'We, the indigenous, are willing to combine tradition with modernism, but not at any cost; we will not permit our future be reduced to ethnotourism.'* – Rigoberta Menchú [52]

As this exhibition shows, traje is changing at a local level. But Guatemala is simultaneously experiencing the rise of a generalized 'pan-Maya' clothing style. This is especially true in communities where backstrap weaving traditions are in decline. The civil war and the 1976 earthquake, which brought about the death or displacement of community members, left many families worse off. Garments woven on treadle looms are widely available and substantially cheaper than those made by more labour-intensive methods.[53] Rosario Miralbés

de Polanco discusses these issues in her essay. During the armed conflict of the 1980s, generalized 'Maya Dress'—which incorporated elements of traje from different regions—provided protection: individuals could not be identified as being from a specific community.[54]

Today, traje is increasingly seen as an expression of Maya unity or identity—especially among younger, better educated women. Predominantly urban, they proclaim their generalized Maya identity through cross-community borrowing; they 'show their worldliness by incorporating others' stylistic elements into their own huipiles, and they wear it as an expression of pride in their greater ethnicity' (fig. 29).[55] Pan-Maya traje identifies the wearers as Maya, but no longer communicates the same traditional codes. New values are attached: when a woman chooses to wear a commercially-made huipil, she shows that she still has a connection to her indigenous community, but indicates that she is part of the modern world.[56]

## DU LOCAL AU MONDIAL

« *Nous, les indigènes, sommes prêts à combiner la tradition et le modernisme, mais pas à n'importe quel prix. Nous ne voulons pas que notre avenir soit réduit à l'ethnotourisme.* »
– Rigoberta Menchú [52]

Comme le montre cette exposition, le traje change à l'échelon local, mais parallèlement émerge au Guatemala un style de vêtement maya « général » (associé à aucune communauté maya particulière). Cela se voit particulièrement dans les communautés où l'art du tissage au métier à courroie dorsale se perd. La guerre civile et le tremblement de terre de 1976, avec leur héritage de morts et de déplacements de populations, ont beaucoup appauvri les familles. Il est maintenant facile et nettement moins coûteux de se procurer des vêtements tissés sur des métiers à pédales.[53] Rosario Miralbés de Polanco traite de ces questions dans son essai. Pendant le conflit armé des

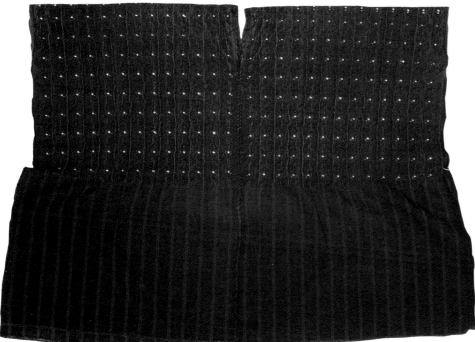

Fig. 26
Huipil, Nahualá, Late 20th to early 21st century, K'iche' Maya

cotton and synthetic , supplementary weft on plain-weave ground, 69 x 94 cm

From the Collection of Donna E. Stewart, MD, T2012.23.72. Photo: Maciek Linowski

Fig. 26
Huipil, Nahualá, de la fin du XXe au début du XXIe siècle, Maya K'iche'

coton et synthétique, fils de trame supplémentaire sur fond tissé uni, 69 x 94 cm

De la collection de Donna E. Stewart, MD, T2012.23.72. Photo : Maciek Linowski

Fig. 27
Huipil, Cobán,
mid 20<sup>th</sup> century,
Kekchi Maya

cotton, supplementary
weft on plain weave
ground, 44 x 93 cm

Anonymous Gift,
T87.0512
Photo: Maciek Linowski

Fig. 27
Huipil, Cobán,
milieu du XX<sup>e</sup> siècle,
Maya Kekchi

coton, fils de trame
supplémentaire sur fond
tissé uni, 44 x 93 cm

Don anonyme, T86.0512
Photo : Maciek Linowski

For most Maya women, weaving is an important source of income. The iconographic language of the hand-woven huipil—for so long a vital form of cultural expression—has made its way, in recent decades, into the global marketplace. Today, backstrap weavers are increasingly using their skills to create goods for visiting tourists and for export. Weaving for commercial purposes is not a new phenomenon.[57] But the expansion of Maya artisan production into the global sphere shows the ability of the Maya to adapt to new situations and even create new forms and meanings.[58]

Many backstrap weavers have formed cooperatives. Oxlajuj B'atz' (Thirteen Threads), based in Panajachel, recently launched the hugely successful hooked rug project that Mary Anne Wise describes in her essay. Wise, an artist and rug hooker from North America, offered members of the cooperative a new technology to add to their repertoire for income generation. The women responded by incorporating designs drawn from their own rich repository of huipil motifs.

Economic benefits are not the only reason women continue to weave: engaged in a creative process, they are deeply proud of their artistry.[59] The Maya have endured

années 1980, la « généralisation » de l'habillement maya — qui s'est mis à intégrer des éléments de différentes régions — assurait une certaine protection, en ce sens qu'il n'était plus possible de rattacher les personnes à des communautés particulières.[54]

Aujourd'hui, le traje s'impose de plus en plus comme une expression de l'unité ou de l'identité maya — surtout chez les femmes plus jeunes et mieux éduquées. Urbaines pour la plupart, ces femmes proclament leur identité maya générale en empruntant aux éléments des différentes communautés. « Elles montrent leur ouverture au monde en intégrant de nouveaux éléments stylistiques à leurs huipiles qu'elles arborent avec fierté, en signe de leur ethnicité plus vaste (fig.29) ».[55] L'habillement maya « généralisé » montre l'appartenance à l'ethnie maya, mais ne communique plus les codes traditionnels. De nouvelles valeurs y sont rattachées : quand une femme choisit de porter un huipil de fabrication industrielle, elle montre qu'elle reste attachée à sa communauté indigène, mais qu'elle fait partie du monde moderne.[56]

Pour la plupart des femmes mayas, le tissage est une source de revenu importante. Le langage iconographique du

periods of pervasive violence, economic pressures, the spread of Protestantism and global influences. Textile-making has enabled them to retain their values while reaffirming their identity; it has provided them with a means for cultural reinvention and survival. By reproducing the way of their ancestors, the Maya remain connected to their traditions. We must support their efforts to determine their own future and maintain the richness of their culture. [60]

huipil tissé à la main, qui est resté pendant longtemps une forme d'expression culturelle vitale, s'est frayé un chemin depuis quelques dizaines d'années vers la scène internationale. Aujourd'hui, les tisserandes qui travaillent avec un métier à courroie dorsale se servent de plus en plus de leur art pour fabriquer des vêtements destinés aux touristes ou à l'exportation. Le tissage à des fins commerciales n'est pas un phénomène nouveau,[57] mais l'expansion de la production artisane maya sur les marchés mondiaux prouve la capacité des Mayas de s'adapter aux situations nouvelles et même de créer des formes et des sens nouveaux.[58]

Souvent, les tisserandes se regroupent en coopératives. La coopérative Oxlajuj B'atz' (Treize fils), établie à Panajachel, a récemment lancé le projet très fructueux du tapis crocheté que Mary Anne Wise décrit dans son essai  La Nord-Américaine Mary Ann Wise, elle-même artiste et spécialiste du tapis crocheté, a proposé aux membres de la coopérative une nouvelle technique à ajouter à leur répertoire pour subvenir à leurs besoins. Les femmes ont répondu en transposant à cette technique des motifs de leur vaste catalogue de motifs pour huipiles.

Les avantages économiques ne sont pas la seule raison pour laquelle les tisserandes continuent de tisser : engagées dans un processus créatif, elles sont profondément fières de leur art.[59] Les Mayas ont dû composer avec des périodes de violence, les pressions économiques, l'étalement du protestantisme et les influences de la mondialisation. Leur art du textile leur a permis de préserver leurs valeurs tout en réaffirmant leur identité ; il leur a donné les moyens de réinventer leur culture et de la faire revivre. En reproduisant la façon de faire de leurs ancêtres, les Mayas restent attachés à leurs traditions. Nous devons les soutenir dans leurs efforts pour se définir, trouver leur voie et protéger la richesse de leur culture.[60]

Fig. 29
Nancy Patricia Tunche from San Pedro Sacatepéquez wearing pan-Maya traje, 2013. Her skirt is a new style that many women wear today. Her huipil is from Tactic, with a style of randa used in Quezaltenango. As a working woman, she chooses to wear huipiles she likes from different areas of Guatemala.

Photo: María Fernanda García, Archive: Museo Ixchel

Fig. 29
Nancy Patricia Tunche, de San Pedro Sacatepéquez, vêtue du traje maya "universel", en 2013. Sa jupe est du nouveau style porté par de nombreuses femmes aujourd'hui. Son huipil est de Tactic, mais avec un style de randa propre à Quezaltenango. Comme on le voit plus souvent chez les femmes qui travaillent, elle choisit de porter des huipiles qu'elle aime de différentes régions du Guatemala.

Photo: María Fernanda García, Archive: Museo Ixchel

**NOTES**

1 Cholba'l Samaj 1991
  cited in Otzoy 1996, p. 154
2 Ardren 2006, p. 2
3 Hendrickson 1995
4 Pancake 1991, p. 46
5 Annis 1987, p. 119 and
  Pancake 1991, p. 47
6 Rowe 1981, p. 24
7 Nash in Green 1999, p. 128
  cited in Martin 2003, p. 67
8 Ardren 2006, p. 2
9 Ibid, p. 2
10 Hendrickson 1995, p. 192

**Weaving and Cosmology**

11 Cardoza y Aragón 2005, p. 90
12 Altman and West 1992, pp. 22-24
13 Annis 1987, p. 61
14 Prechtel and Carlsen 1988, p.127
15 Knoke de Arathoon 2007, p. 1
16 Schevill 1985, p. 18
17 Altman and West 1992, p. 97
18 Asturias 1985, p. 32
19 Knoke de Arathoon 2007, p. 11
20 Asturias 1985, p. 32
21 Knoke de Arathoon 2007, p. 13
22 Ibid, p.12
23 Carmack 1981, pp. 122,129
  cited in Schevill 1985, p. 7
24 Schevill 1985, pp. 8, 22
25 Knoke de Arathoon 2007, p. 17
26 Gordon 1993, p. 28
27 Altman and West 1993, p. 98
28 Ibid, p. 98
29 Petersen 1976, p. 92

**Tradition and Innovation**

30 Hendrickson 1995, p. 197
31 Miralbés de Polanco and
  Knoke de Arathoon 2006
32 Anderson and Garlock 1988, p. 103
  cited in Gordon 1993, p. 5
33 Gordon 1993, p. 2
34 Ibid, p. 6
35 Rowe 1981, p. 86
36 Ibid, p. 64
37 Ibid, pp. 64-5

38 Ibid, p. 66
39 Gordon 1993, p. 19
40 Ibid, p. 23
41 Schevill 1985, p. 9
42 Rowe 1981, p. 86
43 Gordon 1993, p. 23
44 Schevill 1985, p. 24
45 Rowe 1981, p. 93
46 Schevill 1985, p. 44
47 Rowe 1981, p. 74
48 Ardren 2006, p. 56
49 Annis 1987, p. 124
50 Gordon 1993, p. 28
51 Ibid, p. 32

**The Local and the Global**

52 Menchú 1993 cited in Grandin,
  Levenson, Oglesby, eds. 2011,
  p. 511
53 Gordon 1993, p. 6
54 Miralbés de Polanco and
  Knoke de Arathoon 2006, p. 152
55 Gordon 1993, p. 6
56 Odland 2006, p. 12
57 Annis 1987, p. 124
58 Rosenbaum and Goldin 1997, p. 80
59 Anderson 1978, p. 161
  cited in Gordon 1993, p. 8
60 Gordon 1993, p. 8
61 Ak'abal 2002, p. 89

**NOTES**

1 Cholba'l Samaj, 1991,
  cité dans Otzoy, 1996, p. 154
2 Ardren 2006, p. 2
3 Hendrickson, 1995
4 Pancake, 1991, p. 46
5 Annis, 1987, p. 119,
  et Pancake, 1991, p. 47
6 Rowe, 1981, p. 24
7 Nash dans Green, 1999, p. 128,
  cité dans Martin, 2003, p. 67
8 Ardren, 2006, p. 2
9 Ibid., p. 2
10 Hendrickson, 1995, p. 192

**Tissage et cosmologie**

11 Cardoza y Aragón, 2005, p. 90
12 Altman et West, 1992, p. 22-24
13 Annis, 1987, p. 61
14 Prechtel et Carlsen, 1988, p. 127
15 Knoke de Arathoon, 2007, p. 1
16 Schevill, 1985, p. 18
17 Altman et West, 1992, p. 97
18 Asturias, 1985, p. 32
19 Knoke de Arathoon, 2007, p. 11
20 Asturias, 1985, p. 32
21 Knoke de Arathoon, 2007, p. 13
22 Ibid., p. 12
23 Carmack, 1981, p. 122, 129,
  cité dans Schevill, 1985, p. 7
24 Schevill, 1985, p. 8, 22
25 Knoke de Arathoon, 2007, p. 17
26 Gordon, 1993, p. 28
27 Altman et West, 1993, p. 98
28 Ibid., p. 98
29 Petersen, 1976, p. 92

**Tradition et innovation**

30 Hendrickson, 1995, p. 197
31 Miralbés de Polanco et
  Knoke de Arathoon, 2006
32 Anderson et Garlock, 1988, p. 103,
  cité dans Gordon, 1993, p. 5
33 Gordon, 1993, p. 2
34 Ibid., p. 6
35 Rowe, 1981, p. 86
36 Ibid., p. 64
37 Ibid., p. 64-65

38 Ibid, 1981, p. 66
39 Gordon, 1993, p. 19
40 Ibid., p. 23
41 Schevill, 1985, p. 9
42 Rowe, 1981, p. 86
43 Gordon, 1993, p. 23
44 Schevill, 1985, p. 24
45 Rowe, 1981, p. 93
46 Schevill, 1985, p. 44
47 Rowe, 1981, p. 74
48 Ardren, 2006, p. 56
49 Annis, 1987, p. 124
50 Gordon, 1993, p. 28
51 Ibid., p. 32

**Du local au mondial**

52 Menchú 1993 cité dans Grandin,
  Levenson, Oglesby, ed. 2011,
  p. 511
53 Gordon, 1993, p. 6
54 Miralbés de Polanco et
  Knoke de Arathoon, 2006, p. 152
55 Gordon, 1993, p. 6
56 Odland, 2006, p. 12
57 Annis, 1987, p. 124
58 Rosenbaum et Goldin, 1997, p. 80
59 Anderson, 1978, p. 161,
  cité dans Gordon, 1993, p. 8
60 Gordon 1993, p. 8
61 Ak'abal 2002, P. 89

## De puro pueblo

*¡Que chula,*
*Parece güipil!*

*La iglesia*
*De San Andres Xek'ul*
*Vestida de fiesta.*

*¡Que bien le quedan*
*Las ventas de aguacates enfrente!* [61]

— Humberto Ak'abal

Published with permission of the author.
Translation by Chloë Sayer.

## Village Life

*How pretty*
*it looks like a huipil!*

*The church*
*of San Andrés Xek'ul*
*in fiesta attire.*

*How well suited*
*The sale of avocados opposite!* [61]

— Humberto Ak'abal

Students from the school, El Triunfo,
Pujujil II, Sololá, July 12, 2012.
Anniversary of the Establishment
of the School.

Photo: Ken McGuffin

Élèves de l'école El Triunfo,
Pujujil II, Sololá, le 12 juillet 2012.
Anniversaire de l'établissement
de l'école.

Photo : Ken McGuffin

Verónica Riedel
*Maria*
2006

Mixed media embroidered with
feathers, iron, alpaca, antique silver,
shells, thread and sequins. 33" x 27"

*No one was willing to reveal the
essence of our traditions to Don
Pedro, so he abducted me from my
husband, the Ajaw. The conqueror
forced me to tell. Now my people
regard me as a traitor and shun me.
I will have to live among the
Europeans and learn their ways.*

Collection of the artist.

Verónica Riedel
*Maria*
2006

Matériaux mixtes, broderies ornées
de plumes, de fer, d'alpaga, d'argent
patiné, de coquillages, de fil et de
paillettes. 33 X 27 cm

*Personne ne voulait révéler
l'essence de nos traditions à Don
Pedro. C'est pourquoi il m'a enlevée
à mon mari, l'ahau. Le conquérant
m'a forcé à lui dire. Maintenant,
mon peuple me voit comme une
traître et m'a reniée. Je vais devoir
vivre parmi les Européens et
apprendre leurs façons.*

Collection de l'artiste.

# VERÓNICA RIEDEL

## MESTIZAS

*In 'Mestizas', I give indigenous women* a commanding role,
as if the conquest were to grant them a new space where
they could develop and flourish as the mothers of our culture.
I have thought up a personal history for them, creating a new
iconography inspired by the position they should rightfully hold.
In so doing, I have reinvented myself: my history as their history.
To be or not to be? What meaning would their lives acquire?
The history of women, before and during the conquest, has been
rendered invisible over the centuries. I intend, with these images,
to give them a new role—reimagining the past and fusing it
with the present. 'Mestizas' rejects the ideas of victimhood and
traditionalism that so often attach to this theme; in these images
they are given the respect they merit, as they reclaim their role
and present themselves as the queens of the Americas. This is in
celebration of the silent strength shown by all women who have
seen how hard the struggle is.

— Verónica Riedel

**Verónica Riedel** is a Guatemalan photographer, painter, interior
designer, multimedia artist, filmmaker, director, producer and
writer. Her work has been shown internationally in museums,
schools, galleries and art fairs. Since 2000, she has participated
and won awards at several biennials. She exhibited 'Mestizas'
during FOTOFEST 2008 at the museum of the Southwest School
of Art and Craft in San Antonio, Texas.

## MESTIZAS

*Dans « Mestizas », je donne aux femmes indigènes* un rôle
d'autorité, comme si la conquête allait leur donner un nouvel
espace où elles pourraient se développer et s'épanouir en tant
que mères de notre culture. J'ai inventé une histoire personnelle
pour elles, j'ai créé une nouvelle iconographie inspirée de la place
qu'elles auraient dû légitimement occuper. Ce faisant, je me suis
réinventée. Être ou ne pas être? Quel sens leurs vies auraient-
elles pris? L'histoire des femmes, avant et pendant la conquête,
s'est écrite à l'encre invisible. Avec ces images, je veux lui donner
sa visibilité, donner à ces femmes un nouveau rôle, imaginer de
nouveau leur passé et le fondre avec le présent. « Mestizas »
rejette les idées de victimisation et de traditionalisme qui
accompagnent si souvent ce genre de thème. Dans ces images,
les femmes reçoivent le respect qu'elles méritent, tandis qu'elles
reprennent possession de leurs rôles et se présentent comme
les reines des Amériques. C'est une célébration de la force
silencieuse dont font preuve toutes les femmes qui ont vu
à quel point la lutte est dure.

— Verónica Riedel

**Verónica Riedel** est une photographe, peintre, décoratrice
d'intérieure, artiste multimédias, cinéaste, réalisatrice, produc-
trice et écrivain guatémaltèque. Son œuvre a été montrée dans
des musées, des écoles et des galeries et salons d'art du monde
entier. Depuis 2000, elle a participé à plusieurs biennales où elle a
été primée. Elle a présenté « Mestizas » au salon FOTOFEST 2008,
au musée de la Southwest School of Art and Craft à San Antonio,
au Texas.

Donna E. Stewart, MD

# COLLECTING GUATEMALAN TRAJE
## Changes over half a century in Nahualá, Chichicastenango and Santiago Atitlán

# OBSERVATIONS d'une COLLECTIONNEUSE
## sur les changements survenus en cinquante ans dans l'habillement traditionnel à Nahualá, Chichicastenango et Santiago Atitlán

**It was never my intention** to collect Guatemalan textiles, but destiny and heritage intervened. As I later discovered, my Ayrshire Scottish ancestors were weavers before they migrated to Canada in the early 1800s. They were met on arrival at Brockville, Ontario, by British soldiers who threw their looms overboard and proclaimed 'Canada needs farmers, not weavers!'. My fate was sealed in the early 1960s, when I decided—as a medical student—to visit Mexico. I have always been fascinated by weaving, and I was delighted to see the textiles of Chiapas in southern Mexico. There, by chance, I met a French textile collector who urged me to go to Guatemala.

Guatemala—with its awe-inspiring scenery, warm and resilient Maya communities, and splendid textiles—has since beckoned me back some 40 times. Over half a century, I have visited more than 100 towns and villages—sometimes with my husband, sometimes alone. The vibrant colours, intriguing iconography and skilled craftsmanship convinced

Au départ, je n'avais pas vraiment dans l'idée de collectionner des objets textiles guatémaltèques, mais ma destinée et mon intérêt pour le patrimoine en ont décidé autrement. Comme je l'ai découvert par la suite, mes ancêtres écossais d'Ayrshire étaient tisserands avant d'émigrer au Canada au début des années 1800. Ils ont été accueillis à leur arrivée à Brockville, en Ontario, par des soldats britanniques qui ont jeté leurs métiers à tisser par-dessus bord en clamant que le Canada avait besoin de fermiers, pas de tisserands! Mon sort a été scellé au début des années 1960 quand, étudiante en médecine, je suis allée en voyage au Mexique. Le tissage m'avait toujours fascinée et j'ai découvert avec émerveillement les textiles des Chiapas dans le sud du pays. Là, j'ai eu la chance de rencontrer un collectionneur français de textiles qui m'a fortement incitée à aller au Guatemala.

Depuis, j'ai fait une quarantaine de voyages au Guatemala qui me séduit toujours autant par ses paysages époustouflants, ses communautés mayas si chaleureuses et si tenaces, et ses

Fig. 36 (detail)
Huipil, Santiago Atitlán, 1999, Tz'utujil Maya

cotton, acrylic, metallic thread, embroidered on plain-weave ground, machine sewn, 88 x 92 cm

From the Collection of Donna E. Stewart, MD, T2012.23.110. Photo: Maciek Linowski

Fig. 36 (détail)
Huipil, Santiago Atitlán, 1999, Maya Tz'utujil

coton, fil acrylique, fil de métal, broderie sur fond tissé uni, cousu à la machine, 88 x 92 cm

De la collection de Donna E. Stewart, MD, T2012.23.110. Photo : Maciek Linowski

Fig. 30
Huipil, Nahualá,
late 20<sup>th</sup> century, K'iche' Maya,

cotton, supplementary weft on
plain-weave ground, 67 x 86 cm

From the Collection of Donna E. Stewart, MD,
T2012.23.57. Photo: Maciek Linowski

Fig. 30
Huipil, Nahualá,
fin du XX<sup>e</sup> siècle, Maya K'iche

coton, fils de trame supplémentaire
sur fond tissé uni, 67 x 86 cm

De la collection de Donna E. Stewart, MD,
T2012.23.57. Photo : Maciek Linowski

me that I should collect the best examples of Guatemalan traje: these textiles have documented and preserved my observations over the years. I had no idea, when I started, how large this collection would become, or where it would lead me. Mostly I visited as a tourist or collector, but occasionally I went as a physician into remote areas, where illnesses and accidents are common, and where healthcare resources are hours distant over sometimes impassable roads. We usually travelled in recycled Canadian-made school buses: on market days, these were crammed with people, animals and produce. Sometimes we jumped into the back of a pickup truck, along with other living cargo; afterwards, the flea bites on our legs would itch for days.

Although my collecting was chiefly guided by aesthetics, I would sometimes purchase a piece that illustrated an unusual technique or disappearing style, or that originated in a remote village. Occasionally I would purchase a huipil in which I had little interest, because the woman's need for money was compelling. A few huipiles were gifts from

splendides textiles. Pendant un demi-siècle, j'ai visité plus d'une centaine de villes et de villages — parfois avec mon mari, parfois seule. La vivacité des couleurs, l'iconographie surprenante et la qualité du travail m'ont convaincue de l'importance de collectionner les meilleurs exemples du costume, le traje, guatémaltèque. Ces vêtements sont venus documenter et renforcer mes observations au fil des années. Au départ, je ne savais pas du tout l'ampleur que prendrait cette collection ni où elle m'amènerait. La plupart du temps, je faisais ces voyages à titre de touriste ou de collectionneuse, mais aussi parfois à titre de médecin. Je me rendais alors dans des régions éloignées, où les maladies et les accidents sont fréquents, mais les soins, à des heures de distance, par des chemins parfois infranchissables. Nous voyagions généralement dans des autobus scolaires recyclés de construction canadienne. Les jours de marché, les autobus étaient pleins à craquer de gens, d'animaux et de produits alimentaires. Parfois, nous sautions à l'arrière d'un camion, avec les animaux, et les morsures des puces sur nos jambes nous grattaient ensuite pendant des jours.

indigenous village women who became friends. I even took weaving lessons from one until she gave up, claiming that I had 'two left hands'.

The stylistic evolution of Guatemalan traje over the last half century is exemplified here by three towns that I know well: Nahualá, Chichicastenango and Santiago Atitlán. Fiercely independent, they were less influenced than most by the Spanish conquest of 1524 and subsequent ladinoization.

The farming town of Nahualá (Sololá)—known by Spanish settlers as 'the place of sorcerers'—lies about 150 km northwest of Guatemala City. Set in a high and sparsely inhabited bowl, it is surrounded by volcanoes. Inhabitants mostly speak K'iche', although some are bilingual in Spanish. In addition to growing maize and raising sheep, families make wooden furniture and toys. For most of the 19th and 20th centuries, Nahualá's elders wisely resisted the sale of alcohol; eventually, however, the town became 'wet' with imported and home-brewed alcohol. This roughly coincided with the end of the civil war and the demobilization of thousands of young men: returning unemployed to their towns and villages, many joined gangs that preyed on travellers and villagers, or formed alliances with narco-traffickers. For a few years, at the start of the 21st century, Nahualá was so rough that women vendors would escort me into town, hiding me under a canvas tarp in the back of a pickup truck. As word of my arrival spread, women weavers and vendors would gather to show me their finest wares in the mud-walled courtyard of someone's home. Later, with my purchases safely packed in plastic grain bags inside the tarp-covered pickup, I would head for the Pan-American highway before darkness and fog descended.

In Nahualá, most women wear full traje every day. Huipiles usually have a white cotton ground, brocaded with intricate red-orange designs; the front is generally different from the back. The ceremonial three-panel huipil features a double-headed eagle (fig. 4); the two-panel everyday style, with its unusual T-shaped neck opening, displays lozenges, animals and birds. In the 1950s wealthy women started to use red silk for the brocaded designs: when these huipiles were washed, the red colour ran. Poorer women purchased non-colourfast

En général, mes choix de collectionneuse étaient guidés par l'esthétique, mais parfois, j'achetais une pièce parce qu'elle illustrait une technique inhabituelle ou un style en voie de disparaître, ou parce qu'elle venait d'un village très éloigné. Il m'est aussi arrivé d'acheter un huipil simplement parce que la vendeuse avait un besoin évident et terrible d'argent. J'ai aussi reçu quelques huipiles en cadeau de femmes indigènes qui sont devenues mes amies. J'ai même suivi des leçons de tissage auprès de l'une d'elles qui a finalement déclaré forfait parce que j'avais « deux mains gauches ».

Les pièces de vêtement présentées ici viennent de trois villes que je connais bien, Nahualá, Chichicastenango et Santiago Atitlán, et témoignent de l'évolution stylistique de l'habillement guatémaltèque ces cinquante dernières années. Farouchement indépendantes, les populations de ces villes ont généralement été moins influencées par la conquête espagnole de 1524 et la « ladinoïsation » qui a suivi.

La ville à vocation agricole de Nahualá (Sololá), connue des colons espagnols comme le « lieu des sorcières », est située à quelque 150 km au nord-ouest de la ville de Guatemala. Encastrée dans une cuvette peu peuplée, en haute altitude, elle est entourée de volcans. Les habitants parlent principalement le k'iche', mais certains parlent aussi l'espagnol. En plus de cultiver le maïs et d'élever des moutons, les familles fabriquent des meubles et des jouets en bois. Pendant la plus grande partie du XIXe et du XXe siècles, les anciens de Nahualá ont sagement résisté à la vente d'alcool dans leur ville, mais ils ont finalement dû céder et l'alcool, importé ou de fabrication maison, est apparu. Cela a coïncidé avec la fin de la guerre civile et la démobilisation de milliers de jeunes hommes. De retour dans leurs villes et villages, ces chômeurs se sont joints à des gangs qui subsistaient en attaquant les voyageurs ou les villageois, ou en formant des alliances avec les narcotrafiquants. Au début des années 2000, Nahualá était si dangereuse que je devais me cacher sous une bâche, à l'arrière des camions des marchandes, pour aller en ville. Dès qu'elles apprenaient mon arrivée, les tisserandes et les marchandes venaient me rencontrer pour me montrer leurs plus beaux morceaux dans la cour d'une maison privée, derrière des murs de boue. Plus tard, avec mes achats soigneusement emballés

Fig. 31
Sash, faja, Nahualá,
mid to late 20th century,
K'iche' Maya

cotton, supplementary weft on plain-
weave ground, 274 x 27 cm

Gift of Marian de Witt, T95.0373
Photo: Maciek Linowski

Fig. 31
Ceinture de tissu, faja, Nahualá,
du milieu à la fin du XXe siècle,
Maya K'iche

coton, fils de trame supplémentaire sur
fond tissé uni, 274 x 27 cm

Don de Marian de Witt, T95.0373
Photo : Maciek Linowski

dans des sacs de céréales en plastique, toujours à l'arrière du camion et recouverte de ma bâche, je retournais rejoindre la route panaméricaine avant que la nuit et le brouillard ne tombent.

À Nahualá, la plupart des femmes portent tous les jours l'habillement maya complet. En général, les huipiles ont un fond de coton blanc, broché de motifs complexes rouges et orange. Le devant est habituellement différent du dos. Le huipil de cérémonie, à trois panneaux, présente un aigle à deux têtes (fig. 4). Le huipil de tous les jours, à deux panneaux, avec son encolure en forme de V, est orné de motifs de losanges, d'oiseaux et autres animaux. Dans les années 1950, les femmes aisées ont commencé à se servir de soie rouge pour les motifs brochés. Au lavage, le rouge déteignait. Les femmes pauvres achetaient du fil de coton ou de rayonne qui n'était pas grand teint et qui déteignait aussi. Jusqu'à aujourd'hui, les femmes de Nahualá préfèrent les huipiles qui déteignent dans des tons rouge orangé. Les huipiles de cérémonie à trois panneaux ont gardé le motif de l'aigle à deux têtes, mais avec le temps, les huipiles de tous les jours à deux panneaux se sont enrichis d'une multitude de motifs : grenouilles, épis de maïs, fleurs et, plus récemment, gros lions, jaguars et personnages (fig. 30). Les fajas sont de couleur indigo, avec d'étroites bandes rouges et des extrémités brochées (fig. 31).

Les cortes (jupes) n'ont pas changé : de couleur indigo, elles descendent jusqu'à la cheville et leur seule décoration est une *randa* (couture) verticale de broderie multicolore. Les fichus sont souvent tissés avec des bandes d'ixcaco; la culture de ce coton naturellement brun a été relancée par une coopération régionale.

Dans les années 1960, les hommes de Nahualá portaient des chemises de coton blanc, aux cols et manchettes joliment brodés de couleur jaune et rouge dont les motifs rappelaient ceux des huipiles des femmes. Ces derniers temps, cependant, de nouvelles chemises ont fait leur apparition et gagnent en popularité. Ce sont des chemises rouges avec des rayures de chaîne étroites contrastées que les hommes continuent de porter avec des pantalons blancs de coton, sous une rodillera à carreaux bruns et blancs. Enroulée autour de la taille et des cuisses, la rodillera, de laine et comparable au kilt, garde au chaud pendant la saison froide. Pour la tête, les hommes utilisaient habituellement des bandes de tissu de couleur indigo, avec des rayures magenta

cotton or rayon thread that also ran when washed. To this day in Nahualá, huipiles that 'bleed' red-orange are preferred. Three-panel ceremonial huipiles have retained the double-headed eagle motif, but over time two-panel everyday huipiles have acquired a wealth of additional design motifs. These include frogs, maize, flowers and—more recently— large lions, jaguars, and human figures (fig. 30). Fajas (sashes) are indigo coloured, with narrow red stripes and brocaded ends (fig. 31).

Cortes (skirts) remain unchanged: ankle-length and indigo-blue, their only adornment is a vertical *randa* (seam) of multicoloured embroidery. Headcloths are often woven with stripes of ixcaco; cultivation of this naturally brown cotton has been re-established by a regional co-operative.

The men of Nahualá wore white cotton shirts in the 1960s; these had beautifully embroidered red and yellow collars and cuffs, with designs similar to those of women's huipiles. In recent years, however, red shirts with narrow contrasting warp stripes have become popular. White cotton trousers are still worn under a brown-and-white checkered rodillera: wrapped round the waist and thighs, this woollen kilt-like garment keeps the wearer warm in the cold climate. Men's headcloths are usually indigo coloured, with magenta stripes and large brocaded animal designs. Some older men still use a black woollen capixay to keep out the cold. Large sombreros and traditional leather sandals complete the outfit. In the 1990s, Western clothing styles started to eclipse indigenous forms of male dress.

Perched on a hillside in the department of El Quiché, the market town of Chichicastenango ('place of nettles') is used by scores of neighbouring hamlets in the western highlands (fig. 32). Back in the 1960s, when I made my first visit, it was still possible to purchase older huipiles from the 1940s and 50s. These were brocaded with rich purple-red thread, dyed—so it was said—with the secretion of Purpura molluscs off the Nicaraguan coast. Antique dealers from France would congregate near one particular vendor, who sold silk-brocaded huipiles. The traditional design, in those days, was the double-headed eagle. The tourists who currently flock to Chichicastenango's Sunday market will find nothing

Fig. 32
Chichicastenango, 2002
Photo: Andrew Malleson MD

Fig. 32
Chichicastenango, 2002
Photo : Andrew Malleson MD

et de larges motifs brochés d'animaux. Certains, plus âgés, continuent de porter le capixay de laine noire pour se protéger du froid. De grands sombreros et les sandales de cuir traditionnelles complétaient le costume. Dans les années 1990, l'habillement occidental a cependant commencé à remplacer l'habillement masculin indigène.

Perchée sur un versant montagneux, dans le département d'El Quiché, la ville de Chichicastenango (« lieu des chardons »), avec son marché, est fréquentée par d'innombrables visiteurs venus des hameaux voisins des hautes terres de l'Ouest (fig. 32). Dans les années 1960, au moment de ma première visite, il était encore possible d'acheter d'anciens huipiles des années 1940 et 1950. Ils étaient brochés de riche fil rouge-mauve, teint (à ce qu'on disait) avec les sécrétions de pourpres (mollusques) ramassés le long des côtes nicaraguayennes. Des antiquaires de France se retrouvaient souvent au stand d'une marchande qui vendait des huipiles brochés à la soie. Le motif traditionnel, à l'époque, était l'aigle à deux têtes. Les touristes qui fréquentent aujourd'hui le marché du dimanche de Chichicastenango ne voient plus rien de la sorte. Il y a longtemps que les huipiles brochés à la soie ont disparu dans les musées et les collections privées (fig. 33).

comparable, however. Silk-brocaded huipiles vanished long ago into museums and private collections (fig. 33).

Today's huipiles are still made from three panels, but brocading is done with acrylic yarn—coarser and more durable. In the past, hand-spun white or brown cotton was used to weave the ground; now women like to use red, blue, black, brown and green acrylic. Brocaded designs show naturalistic flowers and zigzags that resemble needlepoint (fig.18). Zippers may be inserted into the front seams to facilitate breast feeding. Neck and sleeve openings are adorned with a velvet trim.

Cortes in Chichicastenango reach just below the knee, and have wide multicoloured randas; ikat designs became common after the 1960s. To secure these wrap-around skirts, women use long, black-and-white sashes of cotton or wool; the ends are beautifully embroidered with flowers, birds or geometric designs done in silk, rayon, cotton or acrylic yarn (fig. 34).

The hair, intertwined with ribbons or strips of material, is generally worn in braids. Headcloths are red, ikat-striped and

Les huipiles d'aujourd'hui présentent encore trois panneaux, mais le brochage est fait de fil acrylique, plus épais et plus durable. Autrefois, les tisserandes se servaient de fil de coton blanc ou brun, filé à la main, pour tisser le fond. Aujourd'hui, elles utilisent plus volontiers des fils d'acrylique rouges, bleus, noirs, bruns et verts. Les motifs brochés représentent des fleurs naturalistes et des zigzags qui rappellent le point de croix (fig.18). Parfois, des fermetures éclair sont insérées le long des coutures pour faciliter l'allaitement. L'encolure et les emmanchures sont ornées d'une bordure en velours.

À Chichicastenango, les cortes descendent juste en-dessous du genou et présentent de larges randas multicolores. Les motifs ikat se sont popularisés après les années 1960. Pour faire tenir ces jupes portefeuilles, les femmes utilisent de longues ceintures noires et blanches, de coton ou de laine. Les extrémités sont couvertes de riches broderies de soie, de rayonne, de coton ou d'acrylique, qui représentent des fleurs, des oiseaux et des formes géométriques (fig. 34).

Fig. 34
Belt, faja, Chichicastenango,
mid 20th century, K'iche' Maya

wool, cotton and silk, embroidered on
plain-weave ground, 280 x 6 cm

From the Collection of Donna E. Stewart, MD,
T2012.23.137. Photo: Maciek Linowski

Fig. 34
Ceinture, faja, Chichicastenango,
milieu du XXe siècle, Maya K'iche'

laine, coton et soie, broderie sur fond tissé
uni, 280 x 6 cm

De la collection de Donna E. Stewart, MD,
T2012.23.137. Photo : Maciek Linowski

brocaded with animals. As in many other places, increasing numbers of women now wear Western clothes—especially if they have joined evangelical Protestant groups.

Throughout the 1960s, men wore white shirts under black woollen jackets embroidered with colourful symbols to indicate their status within the community. Black woollen knee breeches, perhaps inspired by Spanish 18th century dress, were partially slit down the outside of the leg. A red faja, with zigzag or floral brocading at the ends, was used to secure the breeches (fig. 35). Cofradía officials wore magenta headcloths. Brocaded with silk, they displayed four tassels: while one dangled over the face, the other three hung down behind.

Over their carrying bags, men would sling finely woven *chamarros* of undyed black or dark-brown wool; bordered with red, ivory and navy coloured checks, or lozenges resembling arrow heads, they had long wool fringes. More than 40 years have passed since I last saw a man with a chamarro. Today,

Fig. 35
Sash, faja, Chichicastenango,
early 20th century, K'iche' Maya

cotton and silk, supplementary weft on
plain-weave ground, fringed, 152 x 30 cm

From the Collection of of Donna E. Stewart, MD,
T2012.23.161. Photo: Maciek Linowski

Fig. 35
Ceinture de tissu, faja, Chichicastenango,
début du XXe siècle, Maya K'iche'

coton et soie, fils de trame supplémentaire
sur fond tissé uni, frangé, 152 x 30 cm

De la collection de Donna E. Stewart, MD,
T2012.23.161. Photo : Maciek Linowski

Fig. 36
**Huipil, Santiago Atitlán, 1999, Tz'utujil Maya**

cotton, acrylic, metallic thread, embroidered on
plain-weave ground, machine sewn, 88 x 92 cm

From the Collection of Donna E. Stewart, MD,
T2012.23.110. Photo: Maciek Linowski

Fig. 36
**Huipil, Santiago Atitlán, 1999, Maya Tz'utujil**

coton, fil acrylique, fil de métal, broderie sur
fond tissé uni, cousu à la machine, 88 x 92 cm

De la collection de Donna E. Stewart, MD,
T2012.23.110. Photo : Maciek Linowski

most men wear Western dress. In spite of these changes, however, cofradía members still don traditional clothing on Sundays, for religious processions outside Chichicastenango's ancient church, and on 21 December during the yearly festival for Santo Tomás.

Santiago Atitlán (Sololá) is located on the southwest shore of Lake Atitlán, at the foot of the Tolimán volcano. Inhabitants speak Tz'utujil. When I first visited this town in the 1960s, the huipiles of white hand-loomed cotton had orange and purple vertical stripes; small embroidered depictions of volcanoes surrounded a dark-red rayon insert at the neckline. Some women added a small number of embroidered Maya motifs and local lakeside birds, but these were never prominent. An extremely long *tocoyal* was coiled round the head, creating a

Les femmes portent généralement leurs cheveux en tresses dans lesquelles elles enroulent des rubans ou des bandes de tissu. Leurs fichus sont de couleur rouge, en rayures d'ikat et brochés avec des motifs d'animaux. Comme dans bien d'autres villes et villages, les femmes s'habillent maintenant de plus en plus à l'occidentale, en particulier celles qui se sont jointes à des groupes évangéliques protestants.

Durant les années 1960, les hommes portaient des chemises blanches sous des gilets de laine noire, ornés de broderies colorées dont les symboles témoignaient de leur statut dans la collectivité. Ils revêtaient aussi des pantalons de laine noire, qui descendaient jusqu'aux genoux, peut-être inspirés du costume espagnol du XVIIIe siècle. Ces pantalons étaient fendus le long de la jambe, à l'extérieur. Une faja rouge, ornée de motifs brochés en

Fig. 37
Head cloth, su't, Santiago Atitlán,
mid 20th century, Tz'utujil Maya

cotton (ixcaco) and silk, supplementary
weft on plain-weave ground, 92 x 52 cm

From the Collection of Donna E. Stewart, MD,
T2012.23.160. Photo: Maciek Linowski

Fig. 37
Fichu, su't, Santiago Atitlán, milieu
du XXᵉ siècle, Maya Tz'utujil

coton (ixcaco) et soie, fils de trame
supplémentaire sur fond tissé uni,
92 x 52 cm

De la collection de Donna E. Stewart, MD,
T2012.23.160. Photo : Maciek Linowski

zigzags ou floraux aux extrémités, servait de ceinture (fig. 35). Les membres de la cofradía portaient des coiffures de couleur magenta, brochées de motifs à la soie et ornées de quatre glands, un qui pendait au-dessus du visage et les trois autres derrière.

Sur leurs sacs de transport, les hommes glissaient des *chamarros* de laine finement tissée, noire ou brun foncé, non teinte. Bordés de carrés ou de losanges rouges, ivoire ou bleu marine rappelant des têtes de flèches, les chamarros avaient de longues franges de laine. Voilà bien quarante ans que je n'ai plus vu d'hommes avec un chamarro. Aujourd'hui, la plupart s'habillent à l'occidentale. Malgré ces changements, les membres de la cofradía continuent de revêtir leurs vêtements traditionnels le dimanche, à l'occasion des processions religieuses à l'extérieur de l'ancienne église de Chichicastenango, et le 21 décembre, pour le festival annuel de Santo Tomás.

La ville de Santiago Atitlán (Sololá) est située sur la rive sud-ouest du lac Atitlán, au pied du volcan Tolimán. Ses habitants parlent le tz'utujil. À ma première visite dans les années 1960, les huipiles, de coton blanc filé à la main, présentaient des rayures verticales orange et mauves. De petits motifs de volcans brodés ornaient une bordure de rayonne rouge foncé autour de l'encolure. Parfois, les brodeuses ajoutaient quelques motifs mayas discrets ou de petits dessins d'oiseaux typiques de la région. Les femmes enroulaient aussi autour de leur tête un *tocoyal* extrêmement long et créaient, ce faisant, de magnifiques coiffures aux couleurs très vives, qui formaient comme une auréole. La jupe rouge, très typique, s'allongeait jusqu'aux chevilles et présentait de riches motifs ikat.

Avec le temps, les broderies d'oiseaux se sont popularisées et ont gagné en taille et en complexité. Dans les années 1990, on trouvait des huipiles entièrement couverts d'oiseaux, devant et derrière. Lors d'une de mes visites, une des brodeuses les plus connues m'a priée de lui apporter le « livre de l'oiseau blanc ». Perplexe, j'ai finalement compris qu'elle me demandait une réimpression récente du livre des dessins d'oiseaux d'Audubon (fig. 36). L'année suivante, j'ai transporté ce gros livre dans mes bagages du Canada jusque chez elle, après avoir traversé le lac en bateau. Elle a immédiatement appelé ses amies qui ont étudié les images avec ravissement. Quand

spectacular and colourful headdress that extended outwards like a halo. The distinctive red corte, richly patterned with ikat-designs, was ankle-length.

As time passed, the embroidered birds increased in size, number and complexity. By the 1990s, some huipiles were entirely covered, front and back, by birds. During one of my visits, I was entreated by a leading embroiderer to bring her 'the white bird book'. Puzzled at first, I realized that she was asking for a recent reprint of Audubon's *Folio of Birds*. The following year, I lugged this large and heavy book all the way from Canada to her home, crossing the lake by boat. She immediately summoned her friends, who studied the plates with great excitement. When I returned the following year, I purchased a striking huipil embroidered with an exact copy of an Audubon print (fig. 36).

Today, huipiles in Santiago Atitlán often incorporate sequins, metallic thread and beads. Many weavers prefer longer-lasting acrylic thread to hand-spun cotton, and the woven ground may be purple, blue or pink with stripes. Embroidery, too, is increasingly done with thick acrylic yarn. Machine-embroidery has also become popular: market vendors now sell machine-embroidered 'bird' huipiles, and partially-made huipiles with machine-embroidered necklines. (Purchasers finish decorating the latter at home.) Women in Santiago Atitlán are open to the latest fashion trends—a process that has accelerated with the arrival of electricity and television. No longer rectangular, some huipiles now sport darts, tucks and curved side-seams that accentuate the shape of younger wearers. The tocoyal is seldom seen, except on a few older women; locally-made cortes are giving way to the generic, ikat-patterned styles that are machine-woven in Totonicapán. The cofradía headcloths that I admired in the 1960s—woven from ixcaco, with mauve stripes—are fast disappearing (fig. 37).

The perraje, worn draped over one shoulder, has also changed. In the 1960s, these unusually long shawls were woven from cotton on the backstrap loom. Most examples were red, mauve or white with indigo ikat designs; some featured a solid mauve stripe, and had wool tassels at both

j'y suis retournée l'année suivante, j'ai acheté un superbe huipil dont la broderie était une représentation exacte d'une image d'Audubon.

Aujourd'hui, les huipiles de Santiago Atitlán intègrent souvent des perles, du fil métallique et de la verroterie. Nombreuses sont les tisserandes qui préfèrent le fil acrylique plus durable au fil de coton filé à la main et elles optent bien souvent pour des fonds mauves, bleus ou roses, avec des rayures. La broderie aussi se fait de plus en plus avec des fils d'acrylique plus épais et la broderie à la machine gagne du terrain : au marché, les marchandes vendent maintenant des huipiles aux oiseaux brodés à la machine ou encore des huipiles inachevés, aux encolures ornées de broderies mécaniques (qui laissent aux acheteuses le soin de finir la décoration à leur goût). Les femmes de Santiago Atitlán s'intéressent à la mode, un intérêt stimulé par l'arrivée de l'électricité et de la télévision. Les huipiles ne sont plus toujours rectangulaires; pour plaire aux jeunes, ils accentuent parfois les lignes du corps au moyen de pinces, de nervures et de coutures latérales courbées. On voit rarement de tocoyales, sauf chez les femmes plus âgées. Les cortes de fabrication locale cèdent la place aux cortes plus universelles, qui présentent des motifs ikat et qui sont tissées à la machine à Totonicapán. Les coiffures de la cofradía que j'admirais dans les années 1960 — tissées de fil d'ixcaco, avec des rayures mauves — disparaissent rapidement (fig. 37).

Le perraje, porté en drapé sur l'épaule, a aussi évolué. Dans les années 1960, ces châles extrêmement longs étaient tissés en coton sur des métiers à courroie dorsale. La plupart étaient rouges, mauves ou blancs, avec des motifs ikat de couleur indigo. Certains présentaient une rayure mauve solide et des glands de laine aux deux extrémités. Aujourd'hui, les perrajes sont généralement tissés avec des fils acryliques sur des métiers à pédales. Les perrajes de la cofradía étaient tissés de fil d'ixcaco et présentaient des rayures mauves, avec parfois une rayure noire et blanche en ikat. Aux extrémités, la frange nouée s'ornait habituellement de glands de soie ou de coton attachés aux coins. Après 1980, les perrajes sont devenus multicolores et plus petits. Des fils ikat servaient aux petits motifs d'oiseaux quetzal, de personnages et d'animaux.

ends. Today's perrajes are usually woven from acrylic on foot looms. Cofradía perrajes featured ixcaco combined with mauve stripes, and sometimes a black-and-white ikat stripe. The ends usually had a knotted fringe, with silk or cotton tassels attached to the corners. After 1980, perrajes became multicoloured and smaller; ikat threads were used to depict diminutive quetzal birds, human or animal figures.

In Santiago Atitlán, as in many places, women now wear huipiles from other communities. Some women—especially evangelical Christians—are abandoning traditional clothing altogether.

In the 1960s, men wore long-sleeved cotton shirts and knee-length trousers with white-and-purple stripes; sometimes the trousers were embroidered with rows of lakeside birds. The faja was ikat-patterned in red, black and white. Today, most men wear Western clothing, although some fishermen still wear knee-length trousers—with or without embroidery—while paddling their *cayucos* (canoes) on the lake.

I have described recent changes in three communities, but the process is widespread and probably inevitable in today's fast-paced and globalized world. Yet, at the same time, a growing number of women weavers are setting up cooperatives. Some hope to revitalize traje by reviving natural dyes and traditional design motifs. Others generate an income for their members from the sale of functional items such as tablecloths and pillows. In their different ways, Guatemala's many weavers are contributing to the transgenerational survival of ancient skills. It is vital to protect, preserve and document the national and world heritage of Maya traje. This exhibition is part of that process.

À Santiago Atitlán, comme dans bien des villes et villages, les femmes portent maintenant des huipiles venus d'ailleurs. Certaines, en particulier les chrétiennes évangéliques, ont complètement abandonné l'habillement traditionnel.

Dans les années 1960, les hommes portaient des chemises de coton à manches longues et des pantalons aux genoux avec des rayures blanches et mauves. Parfois, les pantalons étaient ornés de rangées d'oiseaux lacustres brodés. La faja était parsemée de motifs ikat de couleur rouge, noire et blanche. De nos jours, la plupart des hommes s'habillent à l'occidentale, mais certains pêcheurs continuent de porter des pantalons aux genoux, avec ou sans broderies, lorsqu'ils partent sur le lac dans leurs *cayucos* (canots).

J'ai décrit les changements récents survenus dans l'habillement de trois collectivités, mais cette description vaut pour l'ensemble du pays. Cette évolution est généralisée et sans doute inévitable dans le contexte de mondialisation qui est le nôtre, où le temps revêt beaucoup plus d'importance. Pourtant, un nombre grandissant de tisserandes ouvrent des coopératives de tissage. Certaines espèrent raviver l'intérêt pour le traje en redonnant leurs lettres de noblesse aux teintures naturelles et aux motifs traditionnels. D'autres tirent de la vente d'objets fonctionnels, comme des nappes et des coussins, des revenus pour leurs familles. À leur façon, les tisserandes guatémaltèques contribuent très souvent à la transmission intergénérationnelle et à la survie des techniques anciennes. Protéger, préserver et documenter le patrimoine national et mondial de l'habillement maya est d'une importance capitale. C'est dans cette optique que vous est présentée cette exposition.

Andrea Aragón
*Untitled*
(From the *Home* series)
2009-10

Digital photo print
41 cm x 51 cm

Collection of the artist

Andrea Aragón
*Sans titre*
(de la série *Home*)
2009-10

Impression numérique photo
41 cm x 51 cm

Collection de l'artiste

# ANDREA ARAGÓN

## HOME

*I was raised in a little paradise. Each weekend, my father drove us through the countryside. The landscape was inspiring: tiny adobe houses with red tiled roofs, dotted among the mountains and the crops.*

*As time passed, it was impossible not to notice a change. The entire Guatemalan landscape was marked by inescapable signs of migration and its effects.*

*Four-storey houses began to dominate the horizon; traditional architecture and clothing were vanishing forever. The American flag is now emblazoned on the T-shirts that cover people's chests; it is displayed on blankets, bandanas, and even on house facades.*

*These images, collected over several years, make up the body of work that I have called: HOME. They offer a less traditional view of the Maya and their culture. They reflect the realities of the great migration north, with its gains and its losses.*

Andrea Aragón was born in Guatemala in 1970. She studied Communications in Guatemala and Photography in Santa Fe, New Mexico, and has worked in advertising for over 20 years. For Aragón, photography serves as an escape to another world that is, in her words, 'less visited but more real'. She has participated in both solo and group exhibitions in Guatemala, El Salvador, Honduras, Costa Rica, Nicaragua, New York, Washington DC, Chicago, Lima, México City, Madrid, Rome, Berlin, Peking and Krakow. Her work has been published in numerous Guatemalan newspapers, and in the following books: *Pandemic: Facing AIDS* (New York: Umbrage Editions, 2002), *Mapas Abiertos* (Barcelona: Editorial Lunwerg, 2004), *Cuerpos* (Buenos Aires: Editorial Synchomy, 2006) and *Guatemala de mis Dolores* (Guatemala: Ediciones del Pensativo)—a monograph of her work from 2001 to 2006.

## HOME

*J'ai vécu mon enfance dans un vrai petit paradis. Toutes les fins de semaine, mon père nous emmenait en promenade dans la campagne. Le paysage était enchanteur : des maisonnettes d'adobe aux toits de tuiles rouges s'éparpillaient ici et là, entre les montagnes et les champs.*

*Avec le temps, les choses ont commencé à changer et il était impossible de ne pas s'en apercevoir. Tout le paysage guatémaltèque portait les marques indéniables de la migration et de ses effets.*

*Des bâtiments à quatre étages se sont mis à pousser comme des champignons, tandis que disparaissaient l'architecture et l'habillement traditionnels. Maintenant, les Guatémaltèques portent des t-shirts qui arborent le drapeau américain. Celui-ci orne les couvertures, les bandanas et même les façades des maisons.*

*Ces images, recueillies au fil des années, forment un ensemble que j'ai appelé « HOME » (« chez moi »). Elles proposent une vision moins traditionnelle des Mayas et de leur culture. Elles témoignent des réalités de la grande migration vers le Nord et des gains et pertes qui l'ont accompagnée.*

Andrea Aragón est né au Guatemala en 1970. Elle a étudié la communication au Guatemala et Photographie à Santa Fe, Nouveau-Mexique, et a travaillé dans la publicité depuis plus de 20 ans. Pour Aragon, la photographie sert comme une évasion vers un autre monde qui est, selon ses propres termes, « moins fréquenté mais plus réel ». Elle a participé à des expositions solos et de groupe au Guatemala, El Salvador, le Honduras, le Costa Rica, le Nicaragua, New York, Washington DC, Chicago, Lima, Mexico, Madrid, Rome, Berlin, Pékin et Cracovie. Son travail a été publié dans les journaux guatémaltèques nombreux, et dans les livres suivants: *Pandemic: Facing AIDS* (New York: Editions Umbrage, 2002), *Mapas Abiertos* (Barcelona: Editorial Lunwerg, 2004), *Cuerpos* (Buenos Aires: Synchomy Éditorial, 2006) et *au Guatemala de mission Dolores* (Guatemala: Ediciones del Pensativo)—une monographie de son travail de 2001 à 2006.

Ann Pollard Rowe

# THE ELABORATION of the GUATEMALAN HUIPIL
# L'ÉLABORATION du HUIPIL GUATÉMALTÈQUE

People have been predicting the demise of Guatemalan hand-weaving since it first attracted attention in the early 20th century, for obvious reasons. Hand-weaving is too time-consuming to be practical in a market-driven economy; purchasers, accustomed to paying low prices for machine-made cloth, have no notion of the time involved. Social pressures are also ever-present: people may wish to blend into the larger society by adopting cheaper machine-made garments. The incentive has been exacerbated by the recent genocidal policies of the Guatemalan government, and by evangelical missionaries who denigrate all aspects of indigenous culture. With the change in religious practices, many villages have abandoned the Catholic ceremonies that once involved the wearing of specially-made clothing.

Today, hand-woven clothing is worn by a declining number of Maya—and yet, against all the odds, it still persists in some communities. Some Maya continue to value their pre-Hispanic traditions, including the backstrap loom, the woman's wrapped

Pour des raisons évidentes, depuis qu'il a commencé à attirer l'attention au début du XXe siècle, on dit l'art guatémaltèque du tissage manuel voué à la disparition. Le tissage à la main prend trop de temps pour être pratique dans une économie de marché. Les acheteurs, habitués à payer de bas prix pour les tissus fabriqués à la machine, n'ont aucune idée du temps que prend le tissage manuel. Des pressions sociales s'exercent aussi constamment pour que les Mayas s'intègrent au reste de la société et délaissent leur habillement traditionnel au profit des vêtements moins chers de fabrication industrielle. Les récentes politiques génocidaires du gouvernement guatémaltèque ont exacerbé cette tendance, tout comme l'ont fait les missionnaires évangéliques qui dénigrent tous les aspects de la culture indigène. Avec la transformation des pratiques religieuses, de nombreux villages ont abandonné les cérémonies catholiques qui, il fut un temps, supposaient le port de vêtements spéciaux.

De nos jours, les Mayas qui portent des vêtements tissés à la main sont de plus en plus rares. Pourtant, et contre toute attente,

Fig. 48 (detail)
Huipil, San Antonio Aguas Calientes, Kaqchikel Maya, late 20th century

cotton, supplementary weft on plain-weave ground, 66 x 69 cm

From the Collection of Donna E. Stewart, MD, T2012.23.10. Photo: Maciek Linowski

Fig. 48 (détail)
Huipil, San Antonio Aguas Calientes, fin du XXe siècle, Maya Kaqchikel

coton, fils de trame supplémentaire sur fond tissé uni, 66 x 69 cm

De la collection de Donna E. Stewart, MD, T2012.23.10. Photo : Maciek Linowski

skirt and simple rectangular huipil, and cotton—still the most important textile fibre.

The basic weaving technique involves a ground weave where the vertical threads, or warp, are so closely spaced that the horizontal yarns, or weft, are virtually invisible and appear only as ridges. Patterns are created with supplementary-weft yarns: often in a contrasting colour, they float over the surface of the ground.[1] Garment panels are woven to the exact size and shape needed, with selvedges on all four sides, then sewn edge to edge with no cutting. In the European system, by contrast, cloth is woven in long lengths, then cut and tailored.

When a woman is not planning to sell her work, but is weaving for herself and her family, as is traditional in Guatemala, she gives little thought to the time taken. Nevertheless, hand-spinning—which takes even longer than hand-weaving—has been gradually abandoned in recent decades. Interestingly, time that would once have been spent spinning is now devoted to weaving or embroidery. As a result, today's huipiles and other

Fig. 38
Over-huipil, Comalapa,
early 20ᵗʰ century, Kaqchikel Maya

cotton (ixcaco) and silk, supplementary weft on plain-weave ground, 57 x 102 cm

Anonymous gift, T86.0768
Photo: Maciek Linowski

Fig. 38
Huipil de cérémonie, Comalapa,
début du XXᵉ siècle, Maya Kaqchikel

coton (ixcaco) et soie, fils de trame supplémentaire sur fond tissé uni,
57 x 102 cm

Don anonyme, T86.0768
Photo : Maciek Linowski

cet art se maintient dans certaines communautés. Il reste des Mayas qui célèbrent leurs traditions préhispaniques, dont celles du métier à tisser à courroie dorsale, de la jupe enroulée et du simple huipil rectangulaire des femmes, et du coton, qui demeure la fibre textile la plus importante.

La technique de tissage de base consiste à tisser un fond où les fils verticaux, la chaîne, sont si proches que les fils horizontaux, la trame, sont pour ainsi dire invisibles et apparaissent seulement en relief. Les motifs sont créés avec les fils de trame supplémentaires : souvent d'une couleur contrastante, ils flottent sur le fond.[1] Les panneaux de vêtement

Fig. 40
Child's huipil, Comalapa,
mid 20ᵗʰ century, Kaqchikel Maya

cotton (ixcaco), supplementary weft
on plain-weave ground, 45 x 53.5 cm

Gift of John and Lily Dashwood, T02.40.1
Photo: Maciek Linowski

Fig. 40
Huipil d'enfant, Comalapa,
milieu du XXᵉ siècle, Maya Kaqchikel

coton (ixcaco), fils de trame
supplémentaire sur fond tissé uni,
45 x 53.5 cm

Don de John et Lily Dashwood, T02.40.1
Photo : Maciek Linowski

garments are more lavishly decorated than they once were. Hand-spun yarn is slightly uneven, creating a pleasingly lively texture in the finished cloth. Contemporary weavers compensate for this lost effect by using brighter colours and by patterning larger areas of the ground fabric.

Cotton fibres have a naturally dull appearance, because they are flattened and twisted. In the 1960s, mercerized cotton became increasingly available and affordable in Guatemala. Mercerization is an industrial process in which a strong alkaline solution (caustic soda) causes a swelling of the fibre: rendered smoother and more tubular, the resulting thread is glossier and more receptive to dyes. Initially, mercerized cotton was chiefly used for supplementary-weft patterns; now it is frequently used for the ground fabrics also. Acrylic yarns, which are a synthetic polymer, have a fuzzier (wool-like) appearance, and come in a brilliant colour-range.

Some older huipiles made by Kaqchikel weavers in San Juan Comalapa (Chimaltenango) have ground fabrics of

sont tissés exactement de la taille et de la forme recherchées, avec des lisières tout autour. Ils sont ensuite cousus les uns aux autres, sans être coupés. Dans le système européen, au contraire, le tissu est tissé en longs panneaux, puis découpé et taillé.

Quand une femme tisse pour elle-même et sa famille (et non pour la vente), comme le veut la tradition guaté- maltèque, elle ne se soucie guère du temps que cela prend. Néanmoins, le filage manuel — qui prend encore plus de temps que le tissage — a graduellement perdu ses adeptes. Cependant, il est intéressant de noter qu'il a été remplacé par le tissage ou la broderie. Du coup, les huipiles et autres vêtements d'aujourd'hui sont plus abondamment décorés qu'autrefois. Le fil filé à la main est légèrement irrégulier, ce qui donne une texture plus vivante au vêtement fini. Les tisserandes d'aujourd'hui compensent cette perte d'effet en utilisant des couleurs plus vives et en laissant une plus grande place aux motifs.

Les fibres de coton ont naturellement une apparence matte, parce qu'elles sont aplaties et tournées. Dans les années 1960, le coton mercerisé s'est répandu au Guatemala et est devenu beaucoup plus abordable. La mercerisation est un processus industriel dans lequel une forte solution alcaline (de soude caustique) entraîne un gonflement de la fibre : adouci et plus tubulaire, le fil qui en résulte est plus luisant et retient mieux la teinture. Au départ, le coton mercerisé servait principalement à créer les motifs avec les fils de trame supplémentaires. Aujourd'hui, il sert fréquemment pour les fonds aussi. Les fils d'acrylique, en polymère synthétique, ont une apparence plus duveteuse (comme la laine) et existent dans un assortiment de couleurs vives.

Certains des huipiles plus anciens fabriqués par les tisserandes kaqchikel à San Juan Comalapa (Chimaltenango) ont des fonds faits d'ixcaco filé à la main (fig. 38). Ce coton naturellement brun, d'une espèce différente du coton blanc, a des fibres courtes qu'il n'est pas possible de filer à la machine. Très prisé pour sa couleur, l'ixcaco était encore cultivé et filé dans de rares villages dans les années 1960. À Comalapa, le huipil ordinaire (fig. 40) et le huipil de cérémonie (fig. 39) sont semblables : ils ont tous deux une bande rouge distinctive à hauteur des épaules, mais le huipil ordinaire est plus étroit et

Fig. 39
Over-huipil, Comalapa,
1970-90, Kaqchikel Maya

cotton (ixcaco) and silk, metallic thread,
supplementary weft on plain-weave
ground, 58 x 101 cm

Gift of David Anderson, T87.0061
Photo: Maciek Linowski

Fig. 39
Huipil de cérémonie, Comalapa,
1970-90, Maya Kaqchikel

coton (ixcaco) et soie, fil de métal, fils de
trame supplémentaire sur fond tissé uni,
58 x 101 cm

Don de David Anderson, T87.0061
Photo : Maciek Linowski ·

hand-spun ixcaco (fig. 38). This naturally brown cotton, which is a different species from white cotton, has short fibres that cannot be machine-spun. Highly valued for its colour, ixcaco was still grown and spun in a few villages in the 1960s. In Comalapa, the everyday huipil (fig. 40) and the ceremonial over-huipil (fig. 39) are similar, with distinctive red shoulder bands, but the everyday huipil is narrower and has less decoration along the bottom because it is tucked in. The over-huipil is worn over the everyday huipil, with the armholes unused. In the past, women wore the over-huipil instead of a shawl in cold weather, as well as ceremonially.

moins décoré dans la partie du bas qui est portée rentrée. Le huipil de cérémonie est porté par-dessus le huipil ordinaire, sans qu'on passe les bras par les emmanchures. Autrefois, outre les cérémonies, les femmes portaient ce huipil par temps froid, comme elles auraient fait un châle.

Dans d'autres villages, comme Tecpán (Chimaltenango), les huipiles de cérémonie étaient très différents des huipiles de tous les jours. Le huipil de cérémonie, extrêmement large, a un fond d'ixcaco accentué de bandes rouges et jaunes, et des motifs brochés éparpillés (fig. 41). Les décorations les plus riches sont au dos. Le huipil ordinaire est plus étroit et a un fond blanc, bleu marine ou d'une autre couleur unie. Il présente des bandes horizontales ornées de motifs géométriques, d'oiseaux ou autres etc. (fig. 42).

Les huipiles de Comalapa illustrent les changements stylistiques survenus dans le vêtement guatémaltèque ces dernières décennies. L'exemple le plus ancien (fig. 38), probablement tissé vers les années 1930-1940, a une bande

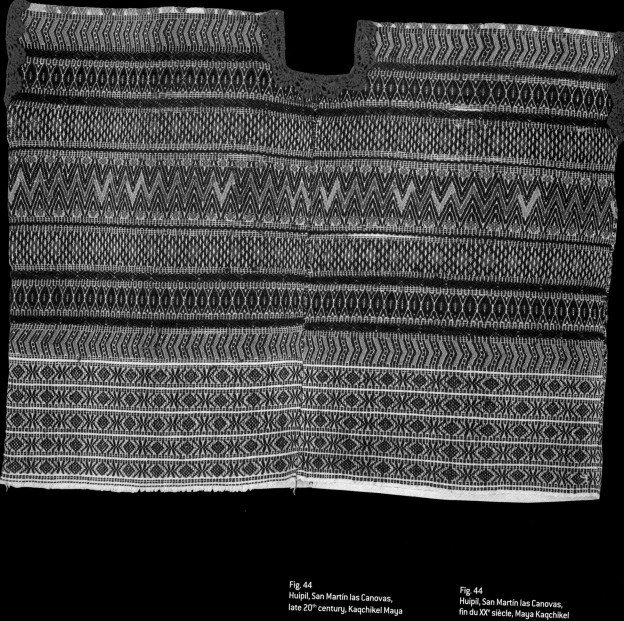

Fig. 44
Huipil, San Martín las Canovas,
late 20ᵗʰ century, Kaqchikel Maya

cotton and acrylic, supplementary weft on
plain-weave ground, 55 x 72 cm

Gift of Dr. Dale MacGillivray, T98.0093
Photo: Maciek Linowski

Fig. 44
Huipil, San Martín las Canovas,
fin du XXᵉ siècle, Maya Kaqchikel

coton et fil acrylique, fils de trame
supplémentaire sur fond tissé uni, 55 x 72 cm

Don du Dr Dale MacGillevray, T98.0093
Photo : Maciek Linowski

Fig. 41
Over-huipil, Tecpán,
second half 20th century, Kaqchikel Maya

cotton (ixcaco), silk and wool, supplementary
weft on plain-weave ground, 55 x 139 cm

Collection of the Friends of the Ixchel Museum,
IF-1384. Photo: Raymond E. Senuk

Fig. 41
Huipil de cérémonie, Tecpán, du milieu
à la fin du XXᵉ siècle, Maya Kaqchikel

coton (ixcaco), soie, et laine, fils de trame
supplémentaire sur fond tissé uni, 55 x 139 cm

De la collection des Amis du musée Ixchel,
IF-1384. Photo : Raymond E. Senuk

In other villages such as Tecpán (Chimaltenango), ceremonial and everyday styles differ significantly. The ceremonial huipil, which is extremely wide, has a ground of ixcaco accented with red and yellow stripes, and scattered brocaded motifs (fig. 41). The most lavish decoration is at the back. The everyday huipil is narrower with a white, navy blue, or other solid colour ground; horizontal bands feature geometric, bird or other motifs etc (fig. 42).

The huipiles of Comalapa illustrate the stylistic changes that have affected Guatemalan clothing in recent decades. The oldest example (fig. 38), probably woven during the 1930s or 40s, has a single multicoloured band of birds: drawn using diagonal lines, many were worked with silk floss. This lustrous thread, then readily available, gave Guatemalan textiles of the period their particularly rich appearance. Another huipil (fig. 40), perhaps from the 1960s, displays curvilinear, Europeanized designs worked with mercerized cotton.

unique d'oiseaux multicolores : dessinés au moyen de lignes diagonales, ces oiseaux étaient tissés avec du fil de soie. Ce fil lustré, alors facile à trouver et peu coûteux, donnait aux textiles guatémaltèques de l'époque une apparence particulièrement riche. Un autre huipil (fig. 40), qui date peut-être des années 1960, est orné de motifs européanisés aux lignes courbes, faits de coton mercerisé. Un huipil de dessus (fig. 39), des années 1970-1980, a des bandes de motifs européanisés encore plus élaborées et des motifs de losanges sur la bande rouge des épaules. Le huipil le plus récent (fig. 43) a un fond noir fait de fils filés à la machine, une encolure en V et des motifs européanisés similaires. Comme le montrent ces vêtements, les matériaux ont changé au fil des années, tout comme les motifs qui sont maintenant plus nombreux.

En vérité, les textiles guatémaltèques de la fin du XIXᵉ siècle se caractérisent bien souvent par une extrême simplicité. Ils présentent parfois des rayures et, au mieux, quelques motifs

An over-huipil (fig. 39), from the 1970s or 80s, has even more elaborate bands of Europeanized designs, and a diamond design within the red bands. The newest huipil (fig. 43) has a black ground of machine-made yarns, a V-neck, and similarly Europeanized designs. As these garments show, patterning has increased over time, while the materials have changed.

In truth, extreme simplicity characterizes many of the earliest Guatemalan textiles in late 19th century collections. Garments may have stripes and little or no supplementary-weft patterning.[2] Yardage, in the European tradition, is a notable exception. Cloth lengths—woven on European-style treadle looms in Quezaltenango, Totonicapán and Huehuetenango—have multicoloured horizontal bands and patterns. Intended for sale, they would have been readily available to early collectors in markets. Belts and hairbands were also commercially made in Totonicapán and Huehuetenango. If the oldest collections include few backstrap-loom woven huipiles or headcloths with supplementary-weft decoration, it is probably because they were largely unavailable before the development of a tourist market. Rare examples do suggest, however, that weaving

de trame supplémentaire.[2] En comparaison, les tissus fabriqués en longs pans selon la tradition européenne sont fréquents et souvent richement décorés. Les pans de tissus — tissés sur des métiers à pédales de style européen à Quezaltenango, à Totonicapán et à Huehuetenango — ont des bandes et des motifs horizontaux multicolores. Ils étaient destinés à la vente et il a été facile pour les premiers collectionneurs de s'en procurer sur les marchés. Les villages de Totonicapán et de Huehuetenango étaient aussi connus pour leur fabrication à des fins commerciales de ceintures et de bandeaux pour les cheveux. Si les collections plus anciennes comptent peu de huipiles ou de fichus tissés au métier à courroie dorsale avec des décorations faites de fils de trame supplémentaires, c'est sans doute en raison de leur rareté sur les marchés, avant que ne se développe le tourisme. Les rares exemples suggèrent, cependant, que les techniques de tissage restaient simples dans la majorité des villages à l'époque. Les huipiles plus élaborés de San Pedro Sacatepéquez (Guatemala) et de Chichicastenango (El Quiché) sont exceptionnels.

Dans les collections plus anciennes, les huipiles tissés sur des métiers à tisser à courroie dorsale venaient principalement

Fig. 42
Huipil, Tecpán, mid 20th century, Kaqchikel Maya

cotton, supplementary weft on plain-weave ground, 53 x 89 cm

Collection of the Friends of the Ixchel Museum, IF-1391. Photo: Raymond E. Senuk

Fig. 42
Huipil, Tecpán, milieu du XXe siècle, Maya Kaqchikel

coton, fils de trame supplémentaire sur fond tissé uni, 53 x 89 cm

De la collection des Amis du musée Ixchel, IF-1391. Photo : Raymond E. Senuk

was comparatively simple in most towns at this time. The more elaborate huipiles from San Pedro Sacatepéquez (Guatemala) and Chichicastenango (El Quiché) are exceptional for the period.

The largest number of backstrap-loom woven huipiles in early collections originated in San Martín Jilotepeque (Chimaltenango).[3] It is clear that many were made for sale to women in other towns. Some are unfinished, for the eventual purchaser to sew the two panels together. Other examples are finished in a manner uncharacteristic of Jilotepeque. The availability of Jilotepeque huipiles brought them to the attention of early collectors as well as to weavers in other villages. Weavers copied the rows of geometric motifs from Jilotepeque, adopting also the technique used to create them, in which designs appear only on the front of the cloth. Modern huipiles in Jilotepeque are more densely woven than formerly, but patterns and weaving techniques remain similar (fig. 44).

It appears, for example, that Jilotepeque influence spread to Tecpán. Older Tecpán huipiles had featured isolated diamond motifs and stylized diamond-shaped birds like those of Comalapa.[4] The reverse, or negative, of the image was visible on the back of the fabric. Everyday huipiles woven between 1930 and 1970 retain these traditional designs, but they also display bands of zigzags or continuous diamonds across the chest, woven in the Jilotepeque manner. Fragments of zigzags, woven in this same technique, also pattern some ceremonial huipiles. A few Comalapa huipiles from the 1960s and later also have one or two bands of these designs (fig. 39).

Jilotepeque-derived geometric patterns, woven in the same way, occur extensively on huipiles from the Kaqchikel town of San Antonio Aguas Calientes (Sacatepéquez), starting in the 1920s and 1930s.[5] Weavers in San Pedro Sacatepéquez pattern everyday huipiles with comparable designs using the same technique; the ceremonial huipil, meanwhile, remains more conservative—it has tree and animal motifs, woven with colour reversal brocading similar to old-style Tecpán.[6]

Comalapa was affected by a different kind of influence from Jilotepeque. A second type of Comalapa huipil, without the red shoulder bands, dates back to the 1950s or earlier

de San Martín Jilotepeque (Chimaltenango).[3] De toute évidence, ils étaient fabriqués pour être vendus aux femmes d'autres villages. Certains n'étaient pas finis, de sorte qu'il incombait à l'acheteur de coudre ensemble les deux panneaux. D'autres étaient finis, mais très différemment de la tradition de Jilotepeque. La facilité avec laquelle on pouvait se procurer des huipiles de Jilotepeque les ont fait connaître aux premiers collectionneurs ainsi qu'aux tisserandes des autres villages. Celles-ci ont copié les rangées de motifs géométriques de Jilotepeque, adoptant ce faisant la technique utilisée pour les créer qui fait que les motifs n'apparaissent que sur le dessus du vêtement. Les huipiles modernes de Jilotepeque sont tissés de manière plus dense qu'avant, mais les motifs et les techniques de tissage restent les mêmes (fig. 44).

Ainsi, il semble que l'influence de Jilotepeque se soit étendue jusqu'à Tecpán. Anciennement, les huipiles de Tecpán présentaient des motifs isolés de losanges et des motifs stylisés d'oiseaux en forme de losanges semblables à ceux de Comalapa.[4] L'envers (ou le négatif) de l'image était visible à l'envers du tissu. Les huipiles ordinaires tissés entre 1930 et 1970 gardent ces motifs traditionnels, mais ils présentent aussi des bandes de zigzags ou de losanges à hauteur de la poitrine, tissées selon la technique de Jilotepeque. Des fragments de zigzags, tissés selon la même technique, ornent également certains huipiles de cérémonie. On a aussi trouvé quelques huipiles de Comalapa des années 1960 et après qui ont une ou deux de ces bandes de motifs (fig. 39).

Dès les années 1920 et 1930, les huipiles du village kaqchikel de San Antonio Aguas Calientes (Sacatepéquez) présentent fréquemment des motifs géométriques inspirés de Jilotepeque et tissés de la même manière.[5] Les tisserandes de San Pedro Sacatepéquez ornent les huipiles ordinaires de motifs comparables en utilisant la même technique. En revanche, elles s'en tiennent davantage aux traditions dans l'ornementation des huipiles de cérémonie dont les motifs représentent des arbres et des animaux, selon une technique de brochage avec inversion de couleur comparable à la tradition de Tecpán.[6]

L'influence exercée par Jilotepeque sur Comalapa a pris une forme différente. Un deuxième type de huipil, sans bandes rouges

Fig. 43
Huipil, Comalapa,
early 1980s, Kaqchikel Maya

cotton, acrylic, metallic thread,
supplementary weft on plain-weave ground,
63 x 76 cm

Gift of Dr. Dale MacGillivray, T98.0094
Photo: Maciek Linowski

Fig. 43
Huipil, Comalapa, début des années
1980, Maya Kaqchikel

coton, fil acrylique, fil de métal, fils de
trame supplémentaire sur fond tissé uni,
63 x 76 cm

Don de Dr. Dale MacGillivray, T98.0094
Photo : Maciek Linowski

(fig. 45). Decorated with relatively naturalistic floral designs, it is called 'sanmartineco'—literally 'from San Martín'.[7] Rather than patterning or technique, however, the influence lies with the navy-blue colour of the ground fabric, found in many early examples, and the organization of the designs into rows, separated by a few narrow stripes. The naturalistic flower patterns are seen in reverse on the underside of the fabric woven in the traditional technique of Comalapa. These designs also occur on huipiles with red shoulder bands. In examples of the 1920s and 30s, they appear in monochrome flanking bands. By the 1960s they are used in wider multicoloured bands, replacing the older bird designs. Inexpensive European-style pattern magazines probably inspired the spread of these designs. Today, the two styles of Comalapa huipiles are no longer distinct, thanks to the adoption of machine-made yarns and the loss of red shoulder bands.

aux épaules, a fait son apparition à Comalapa dans les années 1950 et même avant. Orné de motifs floraux naturalistes, il porte le nom espagnol de sanmartineco, littéralement « de San Martín ».[7] Au lieu de se manifester dans les motifs ou la technique, ici, l'influence de Jilotepeque apparaît dans la couleur bleu marine du fond, qui caractérise un grand nombre des exemples plus anciens, de même que dans l'organisation des motifs en rangées, séparées par quelques rayures étroites. Les motifs de fleurs, qui se voient sur l'envers du tissu, sont tissés selon la technique traditionnelle de Comalapa. On retrouve aussi ces motifs sur des huipiles à bandes rouges aux épaules. Dans les exemples qui datent des années 1920 et 1930, ils figurent sur des bandes monochromes latérales. À partir des années 1960, ils décorent des bandes multicolores plus larges, où ils remplacent les motifs d'oiseaux plus anciens. Ce sont probablement les magazines peu coûteux de motifs d'inspiration européenne qui expliquent la popularité grandissante de ces motifs. De nos jours, les deux styles de huipiles de Comalapa se

Fig. 45
Huipil, Comalapa, 1970s,
Kaqchikel Maya

cotton, supplementary weft on
plain-weave ground, 61 x 76 cm

Collection of the Friends of the Ixchel
Museum, Donated by Guillermo and
Sylvia Sanchez, IF-1184
Photo: Raymond E. Senuk

Fig. 45
Huipil, Comalapa, années 1970,
Maya Kaqchikel

coton, fils de trame supplémentaire sur
fond tissé uni, 61 x 76 cm

De la collection des Amis du musée Ixchel,
Don de Guillermo et Sylvia Sanchez,
IF-1184
Photo : Raymond E. Senuk

Naturalistic designs have also found favour in San Antonio Aguas Calientes. Women's headcloths and babies' caps from the 1930s display a number of multicoloured motifs: considerably more varied than those of Comalapa, they include eight-point stars, vases of flowers, birds and bicycles (fig. 46). These Europeanized designs, copied from patterns drawn on graph paper for cross-stitch embroidery, were probably aimed at ladino housewives. Indigenous weavers skillfully converted the graphed designs to the loom. The resulting technique made designs that look the same on both sides of the fabric. (The weft floats over-four and under-four warp yarns, and then the reverse in the next pass.) Designs, at the outset, were small isolated motifs. After 1940, however, weavers applied the technique to the shoulder bands of huipiles, and, occasionally, to chest bands.[8] From relatively simple star motifs, weavers progressed to elaborate pictorial designs, with birds and plants combined (fig. 47). The same complex motifs were repeated on many huipiles. Recent

sont amalgamés, les tisserandes ayant adopté les fils de fabrication industrielle et abandonné les bandes rouges des épaules.

Les motifs d'inspiration naturaliste ont aussi connu une certaine vogue à San Antonio Aguas Calientes. Les fichus des femmes et les bonnets de bébés des années 1930 sont décorés de motifs multicolores. Beaucoup plus variés que ceux de Comalapa, ces motifs incluent des étoiles à huit pointes, des vases de fleurs, des oiseaux et des bicyclettes (fig. 46). D'inspiration européenne, ils sont copiés de dessins reproduits sur du papier quadrillé pour la broderie en point de croix et s'adressent probablement au marché des femmes ladinas. Les tisserandes indigènes ont habilement transposé le motif sur le métier à tisser à courroie dorsale. La technique qui en a résulté permet de voir le même motif des deux côtés du tissu. (La trame passe quatre fils et sous quatre fils, puis fait l'inverse à la passe suivante.) Au début, les motifs étaient petits et isolés. Après 1940, cependant, les tisserandes ont appliqué la technique aux bandes aux épaules et, parfois, aux

huipiles have wider chest bands, but older geometric patterns have not been altogether displaced (fig. 48).

Similarly naturalistic compositions, based on cross-stitch patterns, have been used at least since the 1980s in Tecpán and Comalapa—culturally distinct from San Antonio Aguas Calientes, despite their proximity. Interestingly, a different weaving technique is employed: designs are made by wrapping the supplementary-weft yarn around the warp, instead of working it simply back and forth.

The weft is carried over four warp yarns on the front, then back under eight on the back. The short floats on the front line up vertically, as in the Aguas Calientes technique, but the large mass of yarn on the back makes the pattern indistinct. This technique, which is wasteful of yarn, is only practical if machine-spun yarns are available.

bandes à la poitrine.[8] À partir de motifs relativement simples en forme d'étoile, les tisserandes sont passées progressivement à des motifs picturaux élaborés, combinant des plantes et des oiseaux (fig. 47). On retrouve ces mêmes motifs complexes sur de nombreux huipiles. Les huipiles plus récents présentent des bandes de poitrine plus larges, mais les motifs géométriques d'autrefois n'ont pas complètement disparu (fig. 48).

Depuis les années 1980 au moins, les villages de Tecpán et de Comalapa qui, malgré leur proximité avec San Antonio Aguas Calientes, s'en distinguent culturellement, produisent des compositions naturalistes du même genre, inspirées de motifs pour le point de croix. Il est intéressant de noter que les tisserandes utilisent une technique de tissage différente pour produire le motif : elles enroulent le fil de trame supplémentaire autour de la chaîne, au lieu de le faire glisser simplement de part

**Fig. 50**
**Huipil, San Martín Jilotepeque, late 20th century, Kaqchikel Maya**

cotton, supplementary weft on plain-weave ground, 48 x 75 cm

Gift of Dr. Dale MacGillivray, T98.0098
Photo: Maciek Linowski

**Fig. 50**
**Huipil, San Martín Jilotepeque, fin du XXᵉ siècle, Maya Kaqchikel**

coton, fils de trame supplémentaire sur fond tissé uni, 48 x 75 cm

Don de Dr. Dale MacGillivray, T98.0098
Photo : Maciek Linowski

Fig. 46
Woman's headcloth, su't,
San Antonio Aguas Calientes,
Kaqchikel Maya, mid 20th century

cotton, supplementary weft on
plain-weave ground, 84 x 66 cm

Anonymous Gift, T87.0516
Photo: Maciek Linowski

Fig. 46
Fichu de femme, su't, San Antonio
Aguas Calientes, milieu du XXᵉ
siècle, Maya Kaqchikel

coton, fils de trame supplémentaire
sur fond tissé uni, 84 x 66 cm

Don anonyme, T87.0516
Photo : Maciek Linowski

In Jilotepeque itself, no matter which type of yarn is used, huipil designs remain largely traditional. In the 1980s, many huipiles were lavishly brocaded in mercerized cotton or acrylic[9] (fig. 50). Everyday and ceremonial styles appear similar, but ceremonial huipiles are more finely finished (fig. 5). As in Comalapa and Tecpán, the armholes are unused. Huipiles continue to evolve: huipil (fig. 51), from the subcommunity of San Martín las Canovas, has star motifs worked in the Tecpán wrapping technique; it also features narrow bands—replete with multicoloured X's and diamonds—woven in the Aguas Calientes double-faced technique. So here is the closing of the circle.

In other villages, innovation is expressed in different ways. Trends in Todos Santos owe little to weavers in other places or to European-style designs. Older huipiles have a distinctive red and white striped ground, with simple rectangles set among red horizontal bands.[10] Other comparatively simple geometric patterns came into use after 1950 (fig. 52). While some huipiles had decoration on all three panels, others had

et d'autre (fig. 49). La trame est portée sur quatre fils de chaîne au devant puis sous huit fils au dos. Comme dans la technique d'Aguas Calientes, les flottés courts du devant s'alignent verticalement, mais la grosse masse de fil à l'arrière rend le motif indistinct. Cette technique, qui utilise beaucoup de fil, n'est praticable qu'avec du fil de fabrication industrielle.

À Jilotepeque, peu importe le type de fil utilisé, les motifs des huipiles restent largement traditionnels. Dans les années 1980, les huipiles étaient souvent somptueusement brochés avec des fils de coton mercerisé ou d'acrylique[9] (fig. 50). Les huipiles, ordinaires ou de cérémonie, étaient semblables, mais les derniers avaient un fini plus soigné (fig. 5). Comme à Comalapa et à Tecpán, les emmanchures ne servent pas. Cela dit, les huipiles continuent d'évoluer : Le huipil (fig. 51), de la communauté secondaire de San Martín las Canovas, a des motifs en étoiles produits à l'aide de la technique de l'enroulement de Tecpán. Il se caractérise aussi par d'étroites bandes remplies de motifs en X ou en losanges multicolores, tissées selon la technique de confection à double face d'Aguas Calientes. Et ainsi se referme la boucle.

Dans d'autres villages, l'innovation s'exprime autrement. À Todos Santos, l'évolution a pris une voie distincte de celle des autres villages et des motifs européens. Les huipiles plus anciens présentent un fond particulier à rayures rouges et blanches, traversées de bandes horizontales rouges où s'insèrent de simples motifs de rectangles.[10] D'autres motifs géométriques plutôt simples sont venus s'y ajouter après les années 1950 (fig. 52). Alors que, pour certains huipiles, les trois panneaux étaient décorés, pour d'autres, les ornements se limitaient au panneau central (fig. 53). Au début des années 1970, cependant, certaines tisserandes ont abandonné les bandes horizontales rouges en faveur de motifs géométriques complexes et soigneusement proportionnés, généralement faits de fils d'acrylique. Avec le temps, les rayures rouges se sont élargies jusqu'à ce que les rayures blanches disparaissent, pour être remplacées par des fonds unis rouges, mauves ou bleus tissés avec du coton mercerisé. La palette de brochage a évolué pour s'harmoniser avec le fond. Comme avant, le brochage se limite parfois au panneau du milieu, alors que des bandes verticales

Fig. 48
Huipil, San Antonio Aguas Calientes,
Kaqchikel Maya, late 20th century

cotton, supplementary weft on plain-
weave ground, 66 x 69 cm

from the Collection of Donna E. Stewart, MD,
2012.23.10. Photo: Maciek Linowski

Fig. 48
Huipil, San Antonio Aguas Calientes,
fin du XXe siècle, Maya Kaqchikel

coton, fils de trame supplémentaire sur
fond tissé uni, 66 x 69 cm

De la collection de Donna E. Stewart, MD,
T2012.23.10. Photo : Maciek Linowski

Fig. 54
Huipil, Todos Santos Cuchumatán,
late 20th century, Mam Maya

cotton and wool, supplementary weft on
plain-weave ground, 72 x 80 cm

From the Collection of Donna E. Stewart, MD,
T2012.23.3. Photo: Maciek Linowski

Fig. 54
Huipil, Todos Santos Cuchumatán,
fin du XXe siècle, Maya Mam

coton et laine, fils de trame supplémentaire sur
fond tissé uni, 72 x 80 cm

De la collection de Donna E. Stewart, MD,
T2012.23.3. Photo : Maciek Linowski

Fig. 51
Huipil, San Martín las Canovas,
late 20th century, Kaqchikel Maya

cotton and acrylic, supplementary weft
on plain-weave ground, 57 x 65 cm

Gift of Dr. Dale MacGillivray, T98.0095
Photo: Maciek Linowski

Fig. 51
Huipil, San San Martín las Canovas,
fin du XXᵉ siècle, Maya Kaqchikel

coton, fil acrylique, fils de trame supplémentaire
sur fond tissé uni, 57 x 65 cm

Don de Dr. Dale MacGillivray, T98.0095
Photo : Maciek Linowski

decoration on the centre panel only (fig. 53). By the early 1970s, however, some weavers had abandoned red horizontal bands in favour of complex and finely scaled geometric motifs, usually woven with acrylic yarns. Gradually the red stripes became wider until—as recent examples show—white areas disappeared, giving way to solid red, purple, or blue ground fabrics woven with mercerized cotton yarns. The brocading palette has shifted to harmonize with the ground. As before, some huipiles have brocading on the centre panel only; contrasting vertical stripes pattern both side panels. Designs are woven in the same technique as the old red bands. Contemporary huipiles, with their fine and detailed patterning, are far more laborious to weave than the simpler versions of a century ago. They take full advantage of the materials available and the weavers' skill (fig. 54).

The 20th century has seen an explosion of design and colour in Guatemalan weaving. The fact that it continues today is an eloquent testament to the artistry and vibrancy of the Maya

contrastantes ornent les panneaux latéraux. Les motifs sont tissés selon la même technique que pour les huipiles plus anciens à bandes rouges. De nos jours, les huipiles, avec leurs motifs si détaillés et si fins, sont beaucoup plus difficiles à tisser que leur version simplifiée d'il y a 100 ans. Ils tirent pleinement parti des matériaux et des habiletés des tisserandes (fig. 54).

Au XXᵉ siècle, l'art guatémaltèque du tissage a connu une explosion de motifs et de couleurs. Sa survie, encore aujourd'hui, témoigne avec éloquence de l'esprit artistique des tisserandes et de la vigueur de la tradition maya. Les tisserandes s'inspirent de leur riche héritage, tout en s'adaptant aux motifs, aux techniques et aux matériaux qu'elles trouvent dans d'autres villages ou dans des sources européennes, et en réinventant la tradition selon leur propre esthétique.

weaving tradition. Women draw on their rich heritage, adapting whatever designs, techniques, and materials are available—both from other villages and from European sources—reinventing their tradition according to their own aesthetic.

## NOTES

1   For detailed description of Guatemalan weaving techniques see Bjerregaard 1977, Anderson 1978, and Sperlich and Sperlich 1980.
2   For published examples, see Schevill 1993, Deuss 1996, and Hassler 2006.
3   For examples collected in 1878-1883 by Otto Stoll, see Hassler 2006, pp. 25, 32. For an unsewn example collected by Alfred Maudslay in 1884-94, see Deuss 1996, p. 26. For Gustavus Eisen's examples collected in 1902, with documented village sources, see O'Neale 1945, fig. 86; Schevill 1993, pp. 75-80, 153, discussion pp. 10-14.
4   See Hendrickson 1995, pp. 164-65.
5   See Schevill 1993, p. 14, as well as ms. p. 83. For a San Antonio huipil collected in 1935, see Odland 2006, fig. 21.
6   See also Odland 2006, fig. 34, a photograph taken ca. 1900 of San Pedro women. Although Jilotepeque-style zigzags occur on the huipil of one of the women, the daily and ceremonial styles seen in recent times do not seem to have been fully differentiated at the time of this photograph. Odland (2006, fig.30) also shows an unfinished (probably made for sale) everyday huipil collected in 1927 in San Pedro.
7   See also Asturias de Barrios 1985, p. 45, photo no. 9.
8   See Odland 2006, figs. 22, 56-57 (including a detail of the back) for examples collected in 1945 and 1947.
9   See also Miller 1996, with photographs taken 1986-93.
10   See Rowe 1981 chapter 10 for more on Todos Santos.

## NOTES

1   Pour obtenir une description détaillée des techniques de tissage guatémaltèques, voir Bjerregaard (1977), Anderson (1978) et Sperlich et Sperlich (1980).
2   Pour des exemples publiés, voir Schevill (1993), Deuss (1996) et Hassler (2006).
3   Pour des exemples collectionnés en 1878-1883 par Otto Stoll, voir Hassler (2006), pp. 25, 32. Pour un exemple non cousu recueilli par Alfred Maudslay en 1884-1994, voir Deuss (1996), p. 26. Pour des exemples de Gustavus Eisen recueillis en 1902, avec identification des villages d'origine, voir O'Neale (1945), fig. 86, Schevill (1993), pp. 75-80, 153, discussion, pp. 10-14.
4   Voir Hendrickson (1995), pp. 164-165.
5   Voir Schevill (1993), p. 14, ainsi que ms., p. 83. Pour un huipil de San Antonio recueilli en 1935, voir Odland (2006), fig. 21.
6   Voir aussi Odland (2006), fig. 34, photographie prise vers 1900 d'une femme de San Pedro. Même si le huipil d'une des femmes présente des zigzags à la manière de Jilotepeque, le style du huipil ordinaire et du huipil de cérémonie ne semblait guère différent à l'époque de la photo. Odland (2006, fig. 30) montre aussi un huipil ordinaire non fini (probablement destiné à la vente) recueilli en 1927 à San Pedro.
7   Voir aussi Asturias de Barrios (1985), p. 45, photo nº 9.
8   Voir aussi Odland (2006), fig. 22, 56-57 (dont un détail du dos) pour des exemples recueillis en 1945 et 1947.
9   Voir aussi Miller (1996), avec des photographies prises en 1986-1993.
10   Voir Rowe (1981), chapitre 10, pour plus d'information sur Todos Santos.

Jean-Marie Simon
*Widows listening to an ideological discourse
in Nebaj (Quiché)* 1983

Journalist asking the Commander of La Pista:
'And the children? Are they also subversives?'.
The Commander replies: 'Yes, they too are subversives'.

*Guatemala: Eternal Spring, Eternal Tyranny* (1988)

Jean-Marie Simon
*Veuves écoutant un discours idéologique à Nebaj
(Quiché)* 1983

Un journaliste demande au commandant de La Pista :
« Et les enfants? Sont-ils aussi subversifs? »
Le commandant répond : « Oui, ils le sont aussi. »

*Guatemala: Eternal Spring, Eternal Tyranny* (1988)

# JEAN-MARIE SIMON

*The images published in* Guatemala: Eternal Spring, Eternal Tyranny *were made between 1980 and 1988, when I lived in Guatemala and worked as a freelance photographer and as a consultant to Human Rights Watch/New York. They reflect the apogee of State terror—urban and rural—defined by Amnesty International in 1981 as 'a government program of political murder'.*

*The Guatemalan countryside was, quite literally, a battlefield. In small towns and villages, a silent wave of killings was unleashed: these could turn communities into ghost towns within a matter of months.*

*The Army burned hundreds of villages: these were re-built with sheet metal and sticks. Women and children who had been captured were forced to live in them, suffering exposure to the elements.*

*By late 1985, the Army had achieved complete control. As rural communities were militarized, the dead and the disappeared vanished in their thousands into clandestine graves—a situation that impelled Human Rights Watch to declare Guatemala 'a nation of prisoners'.*

*These photographs reflect the events described above. They offer no wisdom with respect to the past, and no solutions to the problems confronted by Guatemalans today. At the same time— and perhaps this is their true value—they do not lie. They offer us the opportunity to reflect on what once happened, and what must never happen again.*

*Jean-Marie Simon*
*Washington DC, 2013*

Jean-Marie Simon lived and worked in Guatemala as a photo journalist between 1980 and 1988—a period of extreme violence and brutality. Her book *Guatemala: Eternal Spring, Eternal Tyranny* was published in 1988.

*Les photos reproduites dans* Guatemala: Eternal Spring, Eternal Tyranny *ont été prises entre 1980 et 1988. À l'époque, je vivais au Guatemala où je travaillais comme photographe indépendante et comme consultante auprès de Human Rights Watch (New York). Ces photos témoignent d'une époque à l'apogée du terrorisme d'État, urbain et rural, défini par Amnesty International en 1981 comme étant un « programme gouvernemental d'assassinat ».*

*Les régions rurales du Guatemala sont devenues un champ de bataille, littéralement. À l'époque, une vague silencieuse de tueries a déferlé, transformant les communautés en villes ou villages fantômes en quelques mois à peine.*

*L'Armée a brûlé des centaines de villages. Elle les a ensuite reconstruits avec des bâtons et de la tôle. Les femmes et les enfants capturés étaient obligés d'y vivre, exposés aux éléments.*

*À la fin de 1985, l'Armée avait réussi à prendre le contrôle complet des régions rurales. Les collectivités étant tombées sous la férule des militaires, les morts et les disparus ont fini par milliers dans des tombes clandestines. Human Rights Watch a publié à l'époque un rapport dont le titre qualifiait sans complaisance le Guatemala de « nation de prisonniers ».*

*Ces photos témoignent des événements d'alors. Elles ne donnent pas d'explications et ne proposent aucune solution aux problèmes auxquels les Guatémaltèques sont confrontés aujourd'hui. Cela dit, et c'est peut-être là leur principale valeur, elles ne mentent pas. Elles nous donnent la chance de réfléchir à ce qui s'est passé et qui ne doit jamais se reproduire.*

*Jean-Marie Simon*
*Washington DC, 2013*

Jean-Marie Simon a vécu et travaillé au Guatemala où elle a été photojournaliste de 1980 à 1988, une période d'extrême violence et brutalité. Son ouvrage *Guatemala: Eternal Spring, Eternal Tyranny* est paru en 1988.

Nº 7.

Rosario Miralbés de Polanco[2]

# MAYA ATTIRE and the PROCESS of its MASSIFICATION[1]
# L'HABILLEMENT MAYA et sa MASSIFICATION[1]

*'Tradition: Incessant creation*
*Tradition was never within the reach of the traditionalists'*
*— Luis Cardoza y Aragón[3]*

**Maya clothing styles**, together with the backstrap loom, are part of an ancient tradition that has shaped, and been shaped by, indigenous Guatemalan culture. This essay, although not exhaustive, will focus on key events that may have contributed to the survival of indigenous clothing after the start of the colonial period, and the underlying reasons for its current massification. The term massification refers to the mass-production of indigenous garments: these are now purchased by large numbers of consumers who would not, in the past, have had access to traditional hand-made clothing. These include the huipiles or blouses, fajas (waist-sashes), and cortes or skirts that are widely sold in markets, or made to order to suit the colour and design preferences of the wearer. When one looks at indigenous clothing in different contexts, one asks oneself how indigenous and

*« La tradition, une création incessante*
*Jamais la tradition n'a été à la portée des traditionalistes »*
*— Luis Cardoza y Aragón[3]*

**À l'instar du métier à tisser à courroie dorsale**, le style vestimentaire maya s'inscrit dans une tradition ancienne qui, à la fois, puisait dans la culture guatémaltèque autochtone et la nourrissait. Le présent texte, qui ne se veut pas un essai exhaustif, ciblera certains événements qui ont pu contribuer à la survie de l'habillement maya depuis la période coloniale et tentera de cerner les causes sous-jacentes de la massification dont cet habillement fait actuellement l'objet. La massification s'entend ici de la production de masse des vêtements traditionnels qui trouvent maintenant de nombreux acheteurs chez des gens qui, autrefois, n'avaient pas accès aux vêtements fabriqués à la main. Aujourd'hui, les huipiles (corsages), les tuniques, les fajas (ceintures-écharpes) et les cortes (jupes) inondent les marchés ou certains se les font confectionner sur mesure selon la coupe, les coloris et les motifs qu'ils

Fig. 56
Villagers in Sta. María
Chiquimula (Totonicapán) c. 1930.
They wear the clothing styles of
c. 1900 that were still in use.

Photo: Alberto Valdeavellano. Collection:
Lattmann (No. 65: P.08). Archive: Museum
für Völkerkunde Hamburg, Hamburg.

Fig. 56
Villageois de Santa María Chiquimula
(Totonicapán) vers 1930. Leurs
vêtements sont ceux qui se portaient
déjà vers 1900.

Photo : Alberto Valdeavellano. Collection :
Lattmann (n° 65 : P.08). Archive : Museum
für Völkerkunde Hamburg, Hambourg.

préfèrent. En étudiant l'évolution des styles vestimentaires autochtones, on peut se poser deux questions : comment les populations autochtones et non autochtones perçoivent-elles les changements qui transforment la société contemporaine, et quelle est l'incidence de ces changements sur le sentiment d'identité?

## CONTEXTE

Les Mayas ont été victimes de ségrégation non seulement pour des motifs politiques et économiques, mais aussi pour faciliter leur domination par les colonisateurs espagnols, qui ont créé un système social de discrimination raciale pour justifier leur mainmise et leurs privilèges.[4] Attachées à des terres, à des cultures, à des langues et à des religions héritées d'ancêtres communs, les populations autochtones ont trouvé refuge dans leur communauté ethnique respective. Elles ont cependant été confinées à l'intérieur de leur communauté, et leurs rapports sociaux avec le monde extérieur en ont été limités. Cette séparation a eu pour effet de renforcer leur sentiment identitaire. Si des témoignages historiques font mention des vêtements traditionnels, ils le font si brièvement qu'il est impossible d'identifier les vêtements décrits ou de relever leurs variations stylistiques.

La Constitution libérale de 1826 accordait aux Mayas les mêmes droits que ceux dont jouissaient les Créoles (personnes d'ascendance espagnole nées dans le Nouveau Monde) et les Ladinos (Mestizos ou métis — personnes d'autres races ou de races mixtes). Dans les faits, cependant, les dispositions constitutionnelles visaient à garder les populations autochtones « dans un état d'ignorance et d'infériorité ».[5] On leur offrait la « chance » de s'assimiler à la culture ladina s'ils acceptaient de

Fig. 57
Women from Sta. María Chiquimula (Totonicapán). They wear the clothing styles that were current in 1932. The men in this community stopped wearing traditional dress several decades ago.

Collection: Elly von Kuhlmann (1928.12.18). Museum für Völkerkunde Hamburg, Hamburg.

Fig. 57
Femmes de Santa María Chiquimula (Totonicapán). Elles portent des vêtements courants en 1932. Les hommes ne portent plus le costume traditionnel depuis déjà des dizaines d'années.

Collection : Elly von Kuhlmann (1928.12.18). Museum für Völkerkunde Hamburg, Hambourg.

Fig. 55
Indigenous people wearing 'ladinoised'
and traditional dress in Quetzaltenango
(Quetzaltenango), c. 1926.

Collection: Gotfriend Hyrter (16.645).
Archive: Museum für Völkerkunde,
Hamburg, Hamburg.

Fig. 55
Indigènes vêtus d'habits traditionnels
et ladinoïsés, à Quetzaltenango
(Quetzaltenango), vers 1926.

Collection : Gotfriend Hyrter (16.645).
Archive : Museum für Völkerkunde
Hamburg, Hambourg.

non-indigenous people view the changes that are taking place in contemporary society, and one wonders how these have affected their sense of identity.

## CONTEXTUALIZATION

The Maya were segregated for political and economic reasons, and also as a means of control, as the Spanish colonizers imposed a social estate or category system that used racial difference to justify their dominance and privilege.[4] Indigenous people took refuge with other members of their own ethnic group: together they shared a common ancestry, land, culture, language and religion. They remained constrained in their communities, and their social links with the outside world were limited. This fact strengthened their identity as a group. Historical accounts include some references to indigenous clothing during this period, but their brevity makes it impossible for us to identify the garments described or to assess their stylistic variations.

renoncer à leur ethnicité et à leur identité distincte; il leur était interdit de porter des vêtements autochtones et de parler leur langue d'origine. Malgré toutes les interdictions imposées, les populations autochtones ont su préserver leur mode de vie et éviter l'assimilation.[6] Il leur a été naturel de garder vivantes les traditions textiles, si importantes pour l'adhésion au groupe, la perpétuation de la culture et le renforcement de l'identité (fig. 55).[7]

Les répercussions de l'industrialisation ont été immédiates et mondiales. Toutefois, au Guatemala, ce phénomène n'a d'abord eu qu'une faible incidence sur les méthodes de production et a à peine effleuré les communautés autochtones, qui continuaient de vivre en milieu rural, en ségrégation.[8] Lors de la construction de la première usine, vers 1860, sur l'Altiplano (Cantel, Quetzaltenango), beaucoup d'Autochtones ont été embauchés pour la production de fils de coton. Ces fils étant aussi vendus localement, les tisserandes ont vite découvert leur côté pratique.

Vers la fin du XIXe siècle, des textes publiés en Europe sur les Mayas ont amené des chercheurs sérieux, des photographes et des aventuriers au Guatemala. De fins observateurs désireux de prendre part aux grandes découvertes de l'époque consignaient leurs perceptions et découvertes par écrit, sous forme de textes ou de dessins. C'est ainsi que, involontairement, ils ont commencé à compiler des données archéologiques, ethnographiques et culturelles. L'art de la photographie, de plus en plus répandu, a amélioré les méthodes de consignation. Les collections de vêtements fabriqués au cours de cette période font foi de la diversité des tenues locales. Malgré leurs limites, tous ces documents historiques servent d'assises aux recherches actuelles sur l'histoire de l'habillement maya (le traje) (fig. 56, 57).[9]

À partir de 1900, les fibres artificielles et les teintures chimiques ont progressivement remplacé celles, naturelles, qu'on utilisait depuis toujours au Guatemala[10], accélérant ainsi l'abandon des procédés de teinture et de filage traditionnels. Les tisserandes ont rapidement jeté leur dévolu sur les fils de coton importés d'Allemagne, fabriqués selon des procédés industriels et teints au moyen de colorants chimiques. Apparu peu de temps après ces développements[11], le fil de rayonne a aussi été accueilli avec enthousiasme par les tisserandes qui appréciaient les tons vifs des teintures chimiques[12].

The liberal constitution of 1826 was intended to give the Maya the same rights as Creoles (the children of Spaniards born in the New World) and ladinos (mestizos, other races, and people of mixed race). In practice, however, these laws served to keep indigenous people 'in a state of ignorance and inferiority'.[5] They were given the chance to assimilate into ladino culture only if they were willing to renounce their ethnicity and distinctive identity; they were forbidden to use their own indigenous clothing and languages. Even so, despite these prohibitions, indigenous people continued with their way of life and did not assimilate.[6] Textile traditions were retained as something natural that characterized membership of a group and that sustained wearers' culture and sense of identity (fig. 55).[7]

Industrialization, when it came, affected virtually the entire world. In Guatemala, however, it had little immediate impact on production methods and barely reached indigenous communities; these remained part of a rural and segregated society.[8] When the first factory was built c.1860 on the Altiplano (Cantel, Quetzaltenango), indigenous people were involved in the production of cotton threads. These were sold locally, and weavers soon realized the convenience they offered.

Towards the end of the 19th century, reports published in Europe about Maya civilization drew serious investigators, photographers and adventurers to visit Guatemala. As keen observers, who hoped to share in the great discoveries of the era, they used graphic means to record their perceptions and discoveries. Although it was not their primary intention, they started an incipient register of archaeological, ethnographic and cultural data. Recording methods were improved by the spread of photography. Clothing collections made during this period showed the diversity of local dress. These records, in spite of their limitations, provide the basis for our current investigations into the history of Maya traje (fig. 56, 57).[9]

After 1900, man-made fibres and chemical dyes began slowly to supplant the fibres and dyes that had traditionally been used in Guatemala[10]—a development that encouraged the abandonment of native dyeing and spinning techniques. Cotton threads imported from Germany, industrially

Fig. 58
Woman from Mixco (Guatemala), c. 1930. She wears a huipil woven on a foot loom with appliquéd velvet on the sleeves.

Collection: Elly von Kuhlmann (1928.12.18). Museum für Völkerkunde, Hamburg, Hamburg.

Fig. 58
Femme de Mixco (Guatemala), vers 1930. Elle porte un huipil tissé sur un métier à pédales, garni d'appliqués de velours sur les manches.

Collection : Elly von Kuhlmann (1928.12.18). Museum für Völkerkunde Hamburg, Hambourg.

processed and dyed with chemical colourants, were rapidly adopted by weavers. A short time later, rayon thread was introduced[11] and similarly taken up by weavers who welcomed the vivid colours of chemical dyes.[12]

In 1936, Lila M. O'Neale became the first person to systematically document the diversity of clothing. She recorded distinctive male traje in 37 communities, as well as one of a generalized clothing style; distinctive female clothing was worn in 66 villages.[13] By the 1940s, according to Lilly de Jongh Osborne, changes were starting to affect the huipil which was already being replaced by a simple blouse (fig. 58).[14] Few major changes were noted during the 1950s, apart from the increased size and number of design elements used and the addition of appliquéd sections of commercial cloth and lace. In 1961, acrylic yarns made their appearance in local markets; readily accessible because of their low cost, they soon began to replace cotton threads.

The earthquake of 1976 was a natural disaster that destroyed the physical infrastructure of the country, and drastically affected the lives of most Guatemalans— especially indigenous populations. Some people lost all their possessions: left with nothing, they were forced to rely on charitable gifts. Thereafter, many earthquake victims stopped using the backstrap loom to make their clothing. The deaths of numerous old people at this crucial time left an emotional and cultural vacuum. As a result, ancestral knowledge was not passed on and cultural values were severely weakened.

The rise of armed conflict in Guatemala generated deep-seated political and social repercussions: these affected the values and the behaviour of all Guatemalans. Importantly, when the conflict was at its height, indigenous people began migrating in large numbers to the cities. Anxious to pass unnoticed, many felt obliged to abandon their traditions and their clothing— thereby losing part of their identity, and breaking the ties that had bound them to their families, their culture and their region. In some instances, people were later able to reintegrate; all too often, however, families became ladinoized.

Three factors crucially affected indigenous culture in Guatemala: the sale of imported, second-hand clothing; the

Fig. 59
Woman in Chuarrancho (Guatemala) wearing a blouse in the style of 2007.

Photography: Anne Girard de Marroquín. Fototeca Museo Ixchel.

Fig. 59
Femme à Chuarrancho (Guatemala), qui porte une blouse moderne dans le style de 2007.

Photographie d'Anne Girard de Marroquín. Fototeca Museo Ixchel

En 1936, Lila M. O'Neale a été la première à documenter méthodiquement la diversité des vêtements traditionnels. Elle a notamment distingué un traje typique dans 37 collectivités, en plus d'un costume général; elle a aussi relevé des costumes féminins typiques dans 66 villages.[13] Vers les années 1940, d'après Lilly de Jongh Osborne, le huipil, qui n'était déjà plus tout à fait le même, a commencé à céder la place à une simple tunique (fig. 58).[14] Peu de changements majeurs ont été observés durant les années 1950, hormis l'agrandissement et la multiplication des

motifs ainsi que l'ajout d'appliqués de dentelle ou de morceaux de tissus commerciaux. En 1961, le fil acrylique a fait son apparition sur les étals. Facile à obtenir en raison de son faible coût, il a remplacé le fil de coton en très peu de temps.

Le tremblement de terre de 1976 a détruit l'infrastructure matérielle du pays et bouleversé la vie de la plupart des Guatémaltèques — surtout chez les populations autochtones. Certains ont perdu tout ce qu'ils possédaient : n'ayant plus rien, ils ont été contraints de dépendre de la charité publique. C'est ainsi que de nombreuses tisserandes n'ont pas remplacé les métiers à courroie dorsale avec lesquels elles fabriquaient leurs vêtements. La disparition de nombreuses personnes âgées a laissé un immense vide émotionnel et culturel — fragilisant le transfert du savoir ancestral et affaiblissant grandement le rayonnement des valeurs culturelles.

L'émergence d'un conflit armé au Guatemala a également eu de très profondes répercussions politiques et sociales. En plus de changer les mentalités et attitudes de tous les Guatémaltèques, le conflit a provoqué l'exode, en grand nombre, d'Autochtones vers les villes. Soucieux de passer inaperçus, beaucoup se sont sentis obligés d'abandonner leurs traditions, y compris leur habillement, perdant un pan important de leur identité et brisant les liens avec leurs familles, leur culture et leur région. Certains liens ont pu être tissés de nouveau, mais bien des familles autochtones se sont finalement « ladinisées ».

Trois facteurs ont eu une importance déterminante sur la culture autochtone au Guatemala : la vente de vêtements usagés importés; la mise sur pied de *maquilas* ou de manufactures près des communautés autochtones; l'envoi de fonds par des Guatémaltèques travaillant aux États-Unis. L'abondance de vêtements usagés et bon marché rendait désormais de moins en moins nécessaire la production d'étoffes tissées à la main, qui avait longtemps permis d'économiser. La présence, tout près,

setting up of *maquilas* or assembly plants near indigenous communities; and the sending of remittances by Guatemalan workers in the USA. With the availability of cheap used clothing, the economic pressure to produce home-woven cloth diminished. The presence of nearby maquilas provided job opportunities for young women, who were glad to earn a salary. This gave them an increased role as consumers. Something similar happened to the children of parents working in the USA. Remittance money gave sons and daughters at home in Guatemala the purchasing power to make choices.

## The MASSIFICATION of INDIGENOUS CLOTHING

Until a few decades ago, diversity, continuity and exclusivity were the defining characteristics of indigenous dress in Guatemala (fig. 60). Traje, as far as we know, remained

Fig. 61
Display of the modern huipil styles that are available in markets, 2012.

Photography: María Fernanda García.
Fototeca Museo Ixchel.

Fig. 61
Étalage de huipils modernes vendus sur les marchés, 2012.

Photo : María Fernanda García.
Fototeca Museo Ixchel.

virtually unchanged for approximately 197 years. In a few instances, specific dress styles went totally unchanged for over a century. Yet the last few decades have been marked by a significant rate of change: during this period, which started in the 1990s, the values associated with clothing have been transformed (fig. 59).

After the signing of the peace agreements in 1996, many programmes were set up. These were primarily intended to reinforce aspects of indigenous culture, such as clothing and its role in modern society. Political activism gave great importance to Maya symbolism, which is an essential part of pan-Mayanism. Edgar Esquit has written as follows:

*'Many women, even those who are not political activists, have started to use clothing that was identified, until just a few decades ago, with specific municipalities. Perhaps they like wearing this clothing*

de maquilas apportait de nouveaux débouchés aux jeunes femmes, heureuses de toucher un salaire et de pouvoir consommer davantage, tout comme les enfants d'hommes et de femmes partis travailler aux É.-U. Les fonds envoyés aux fils et aux filles restés au pays, au Guatemala, conféraient un pouvoir d'achat suffisant pour leur offrir enfin la possibilité de choisir.

## La MASSIFICATION de L'HABILLEMENT AUTOCHTONE

Il y a quelques dizaines d'années, on reconnaissait encore l'habillement autochtone guatémaltèque par sa diversité, sa pérennité et son exclusivité — telles en étaient les caractéristiques (fig. 60). Pour autant que nous le sachions, le traje est demeuré à peu près inchangé pendant environ 197 ans. Et certains styles vestimentaires ont traversé au moins un siècle sans jamais changer. Tout le contraire s'est produit ces dernières années, à partir de la décennie 1990 : les variantes

Fig. 62
Women wearing various styles of modern dress in the marketplace of Santa Clara La Laguna (Sololá), 2012.

Photography: María Fernanda García. Fototeca Museo Ixchel.

Fig. 62
Femmes portant des robes modernes de styles variés, au marché de Santa Clara La Laguna (Sololá), 2012.

Photo : María Fernanda García. Fototeca Museo Ixchel.

Fig. 63
Vendor from Santa Lucía Utatlán (Sololá) showing the neck area of a blouse embroidered with French knots; it is similar in style to the one embroidered in San Francisco El Alto (Totonicapán).

Photography: María Fernanda García. Fototeca Museo Ixchel.

Fig. 63
Une vendeuse de Santa Lucía Utatlán (Sololá) montre l'encolure d'une blouse brodée au point de nœud. La blouse rappelle, par son style, ce qui se fait à San Francisco El Alto (Totonicapán)

Photo : María Fernanda García. Fototeca Museo Ixchel.

*because they find it beautiful—this may be the underlying reason for their choice—without realizing that they are, in consequence, constructing a Maya unity that is both symbolic and real. Maya activists and their sympathizers, however, are aware of their aim— the search for unification.'* [15]

Unification has close links with the standardization of traje, because unification proposes a break with ancestral traditions: it encourages a new approach to issues of identity, to the wearing of traditional clothing, and to the role that women play in society. Globalized society imposes patterns of behaviour. Constantly expressed through the mass media, these social norms are influencing new generations, leading them to adapt and re-evaluate their culture. Hermelinda Magzul has this to say about the role assigned to women as the bastions of support for Maya culture:

se succèdent à un rythme effréné et les valeurs associées à l'habillement ne sont plus du tout les mêmes (fig. 59).

De nombreux programmes axés sur la revitalisation de différents aspects de la culture autochtone, comme les tenues traditionnelles et leur rôle dans la société moderne, ont été mis en œuvre après la signature des accords de paix, en 1996. Des activistes politiques et adeptes du panmayanisme ont ramené à l'avant-plan toute la symbolique maya, lui redonnant ses lettres de noblesse, ainsi que l'explique Edgar Esquit :

« *De nombreuses femmes, même celles qui n'étaient pas des activistes politiques, se sont mises à porter des vêtements qui, jusqu'à il y a quelques décennies, étaient associés à des localités particulières. Peut-être les avaient-elles simplement adoptés parce qu'elles les trouvaient beaux — et cela était sans doute la raison*

Fig. 64
Example of an everyday monochrome
outfit from Quetzaltenango
(Quetzaltenango), 2012

Photography: María Fernanda García.
Fototeca Museo Ixchel.

Fig. 64.
Exemple de vêtement monochrome
de tous les jours, typique de
Quetzaltenango (Quetzaltenango),
2012.

Photo : María Fernanda García.
Fototeca Museo Ixchel.

'... As Maya women, we are proud to uphold our culture,
but we want to share this responsibility with our Maya
menfolk... we want to be mothers, wives and daughters,
but we also want the same dignity, rights and opportunities as men, we want to know and do other things
that make us feel fulfilled as human beings'.[16]

The new economic and social status of young, city-
dwelling professionals has started a trend that is increasingly
affecting indigenous communities: there is a growing desire
for innovative clothing that confers prestige (fig. 62). There
is now a demand for the so-called 'K'iche' style' of blouse,
characterized by its pleated sleeves and richly adorned
yoke: decorations include iridescent beads, lace, appliqué
and shiny or matte ribbons (fig. 61). Made in their entirety
from commercial fabrics, blouses of this type often cost

sous-jacente de leur choix —, sans se rendre compte,
donc, de leur contribution à la construction d'une unité
maya à la fois symbolique et réelle. Les activistes mayas
et leurs sympathisants, par contre, savent pourquoi ils
choisissent ces vêtements : ils cherchent une nouvelle
unité. »[15]

L'effort de réunification est étroitement lié à la normalisation
du traje. Ses partisans proposent une forme de rupture avec
les traditions ancestrales et font la promotion d'une nouvelle
approche relativement au renforcement de l'identité, au port
du vêtement traditionnel et à la place de la femme dans la
société. La société mondialisée impose de nouveaux modes
comportementaux et les normes sociales qui accompagnent
ceux-ci, constamment relayées par les médias de masse,
influencent les nouvelles générations, incitant à adapter et à
réévaluer la culture d'origine. Telle est l'analyse d'Hermelinda
Magzul au sujet du rôle attribué aux femmes en tant que
gardiennes de la culture maya :

« Nous, femmes mayas, sommes fières de perpétuer notre
culture, mais nous voulons partager cette responsabilité
avec nos hommes. Nous resterons les mères, les femmes
et les filles, mais nous aspirons à la même dignité, aux
mêmes droits et aux mêmes possibilités que ceux qu'ont
les hommes, et nous souhaitons aussi connaître et
faire autre chose pour nous épanouir en tant qu'êtres
humains. »[16]

Le nouveau statut socio-économique dont jouissent les
jeunes professionnels habitant en milieu urbain a fait naître
une tendance de plus en plus visible dans les communautés
autochtones : on recherche de plus en plus des vêtements
originaux qui confèrent du prestige (fig. 62). Ainsi, on assiste à
une hausse de la demande pour la tunique soi-disant « K'iche' »,
qui se caractérise par des manches plissées et un empiècement
richement orné, entre autres de perles irisées, de dentelles,
d'appliqués ou de rubans brillants ou mats (fig. 61). Entièrement
confectionnées à partir de tissus commerciaux, les tuniques
de ce type sont souvent aussi chères qu'un authentique huipil.
On peut admirer de nombreux huipiles de San Francisco El Alto

as much as a huipil. One sees many eye-catching huipiles, hand-embroidered with French knots, from San Francisco El Alto (Totonicapán) (fig. 63). There are huipiles that have been woven on commercial looms or treadle looms: embroidered by computerized machines, they display designs that look as they had been done on the backstrap loom or embroidered by hand. Garments of this type fetch virtually the same price as a huipil woven on a backstrap loom.

Creativity in designing blouses and skirt lengths is the order of the day. Ikat-designs were already becoming more dominant and more varied—now dyers and weavers have started to design striking patterns in unusual colour combinations that resemble the industrial spectrum of the materials favoured increasingly for blouses and skirts. Innovative designs include diamonds of metallic thread, hearts, flower vases and arrows. Dress styles have also changed. Women now like their traje to come in a single colour, so they choose a blouse or huipil, a skirt, an apron, a sweater and shoes in matching shades (fig. 64). Most often women copy the colour schemes of other cultures. Tradition is only selectively maintained, now that woman are free to dress in ways they enjoy and can afford. The pan-Maya style encourages unification and the conservation of indigenous dress, without revealing the ethnic identity of the wearer.

The process of massification is widespread. The phenomenon of the masses, described by José Ortega y Gasset, is occurring in Guatemalan cities. Markets have expanded to such a degree that vendors now occupy adjacent streets and avenues. This shows the impact that mass culture can have: the effects of agglomeration, mentioned by this same author[17], are evident everywhere and find expression in the generalized clothing styles of women.

The professional and political women who live in cities are seeking to give a new meaning to traje and are advocating pan-Mayanism—a movement which is, in itself, about change. However pan-Mayanism eliminates the opportunity to communicate the wearer's exclusive identity: a woman may be wearing indigenous dress, but the messages that it once conveyed are now lost.

(Totonicapán), aux couleurs vibrantes, brodés à la main et exhibant des nœuds français (fig. 63). D'autres huipiles ont été tissés sur des métiers commerciaux ou des métiers à pédales : brodés par des machines programmées, ils arborent des motifs qui semblent avoir été faits à la main ou être sortis tout droit d'un métier à tisser à courroie dorsale. Les vêtements de ce type coûtent à peu près le même prix qu'un huipil tissé à l'aide d'un métier à courroie dorsale.

La créativité est de mise du côté des tuniques et des jupes. Les motifs ikat, toujours plus variés, ont la cote depuis longtemps déjà, et les teinturières comme les tisserandes ont commencé à concevoir des dessins à partir de combinaisons de couleurs étonnantes qui ressemblent au spectre industriel des matières de plus en plus choisies pour la confection de ces vêtements. Les dessinateurs innovent au niveau des motifs, notamment en ajoutant des losanges faits de fils métalliques, des cœurs, des vases à fleurs et des flèches. Les styles vestimentaires ont aussi évolué. Les femmes optent désormais pour le traje monochrome et, donc, pour une tunique ou un huipil, une jupe, un tablier, un chandail ou des chaussures dans des nuances assorties (fig. 64). La plupart des femmes s'inspirent des jeux de couleurs d'autres cultures. Maintenant qu'elles sont libres de s'habiller selon leurs goûts et leur budget, la tradition n'est observée que sélectivement. Le style panmaya encourage l'unification culturelle et la préservation de l'habillement autochtone, sans pour autant révéler l'identité ethnique de ceux et celles qui l'adoptent.

La massification est un processus répandu. Le phénomène des masses, décrit par José Ortega y Gasset, est visible dans les villes du Guatemala. Les marchés ont pris une telle expansion que les vendeurs et fournisseurs occupent aussi désormais les rues et avenues adjacentes. La propagation d'une culture de masse est associée à un autre concept que mentionne le même auteur[17], l'agglomération, dont les effets sont visibles partout, entre autres dans le style vestimentaire généralisé des femmes. Les femmes professionnelles et politiques qui vivent en milieu urbain s'activent à donner un nouveau sens au traje et militent en faveur du panmayanisme, un mouvement synonyme de changement

## NOTES

1   Massification: the making of one-of-a-kind products (or exclusive creations) available to the mass market.
2   I would like to thank Violeta Gutiérrez, who carried out fieldwork and shared her observations with me.
3   www/frasescelebres.net
4   Asociación para el Avance de las Ciencias Sociales en Guatemala (AVANCSO) 1998
5   Cfr. Milton Niles 1991, p. 5
6   Adams and Bastos 2003, pp. 41, 357-8
7   Gallo Armosino 2001, pp. 1-3
8   Early 2000, p.5
9   The following collections were made in the late 19<sup>th</sup> and early 20<sup>th</sup> centuries: Padre Henry T. Heyde (c.1895) American Museum of Natural History, New York. Anne C. and Alfred P. Maudslay (c.1899), Victoria & Albert Museum, London. Gustav Eisen (1902), The Hearst Museum of Anthropology, Berkeley, California. Alberto Valdeavellano (c.1900). Copies of his photographs may be seen at the Museum für Völkerkunde Hamburg, Hamburg; and at CIRMA, Antigua Guatemala. Tomás Zanotti (c.1900), Colección Anne Girard. Fototeca Museo Ixchel, Guatemala.
10  Popenoe 1922
11  Tortora et Merkel, eds. 2002
12  Ibidem. Rayon is a man-made fibre discovered in 1884 by Count Hilaire de Chardonnet, who produced it by chemical means. It is also known as 'artifical silk'. With the process of mercerization, cotton thread or fibre is immersed in a bath of sodium hidroxide, then neutralised by an acid bath. This treatment improves the lustre of the thread, making it receptive to dye and resistant to mildew. The process was discovered in England in 1844 by John Mercer.
13  O´Neale 1945
14  Osborne 1965, pp. 95-100
15  Esquit 2004, p. 176
16  Camus 2000/2001, pp.31-56
17  Ortega y Gasset 1937

en soi. Rappelons cependant que ce mouvement élimine la possibilité pour la personne qui porte le vêtement traditionnel de communiquer son identité exclusive. Une femme peut se draper dans une robe autochtone, mais les messages autrefois transmis par l'étoffe ne sont plus.

## NOTES

1   Massification : La transformation de créations uniques ou exclusives en produits accessibles sur les marchés de masse.
2   Je tiens à remercier Violeta Gutiérrez pour son travail sur le terrain et les observations dont elle m'a fait profiter.
3   www//frasescelebres.net
4   Asociación para el Avance de las Ciencias Sociales en Guatemala (AVANCSO) 1998
5   Milton Niles, 1991, p. 5.
6   Adams et Bastos, 2003, p. 41, 357-8.
7   Gallo Armosino, 2001, p. 1-3.
8   Early, 2000, p. 5.
9   Les collections suivantes datent de la fin du XIXe siècle et du début du XX<sup>e</sup> siècle : Padre Henry T. Heyde (vers 1895), American Museum of Natural History, New York; Anne C. et Alfred P. Maudslay (vers 1899), Victoria & Albert Museum, Londres; Gustav Eisen (1902), The Hearst Museum of Anthropology, Berkeley, Californie; Alberto Valdeavellano (vers 1900), dont on peut admirer les photographies au Museum für Völkerkunde Hamburg, à Hambourg, ainsi qu'au Centro de Investigaciones Regionales de Mesoamérica, à Antigua, Guatemala; Tomás Zanotti (vers 1900), Colección Anne Girard, Fototeca du Museo Ixchel, Guatemala.
10  Popenoe 1922
11  Tortora et Merkel éd., 2002
12  Ibid. La rayonne est une fibre artificielle découverte en 1884 par le comte Hilaire de Chardonnet, qui la produisait au moyen d'un procédé chimique. Aujourd'hui connue sous le nom de « viscose », la rayonne a d'abord été appelée « soie artificielle ». Le procédé de mercerisage consiste à plonger le fil ou la fibre de coton dans une solution de soude caustique, puis, pour neutraliser l'effet, dans une solution acide. Ce traitement rehausse le lustre, en plus de rendre le fil plus réceptif à la teinture et plus résistant à la moisissure. John Mercer a découvert ce procédé en 1844, en Angleterre.
13  O'Neale, 1945
14  Osborne, 1965, p. 95-100.
15  Esquit, 2004, p. 176.
16  Camus, 2000-2001, p.31-56.
17  Ortega y Gasset, 1937

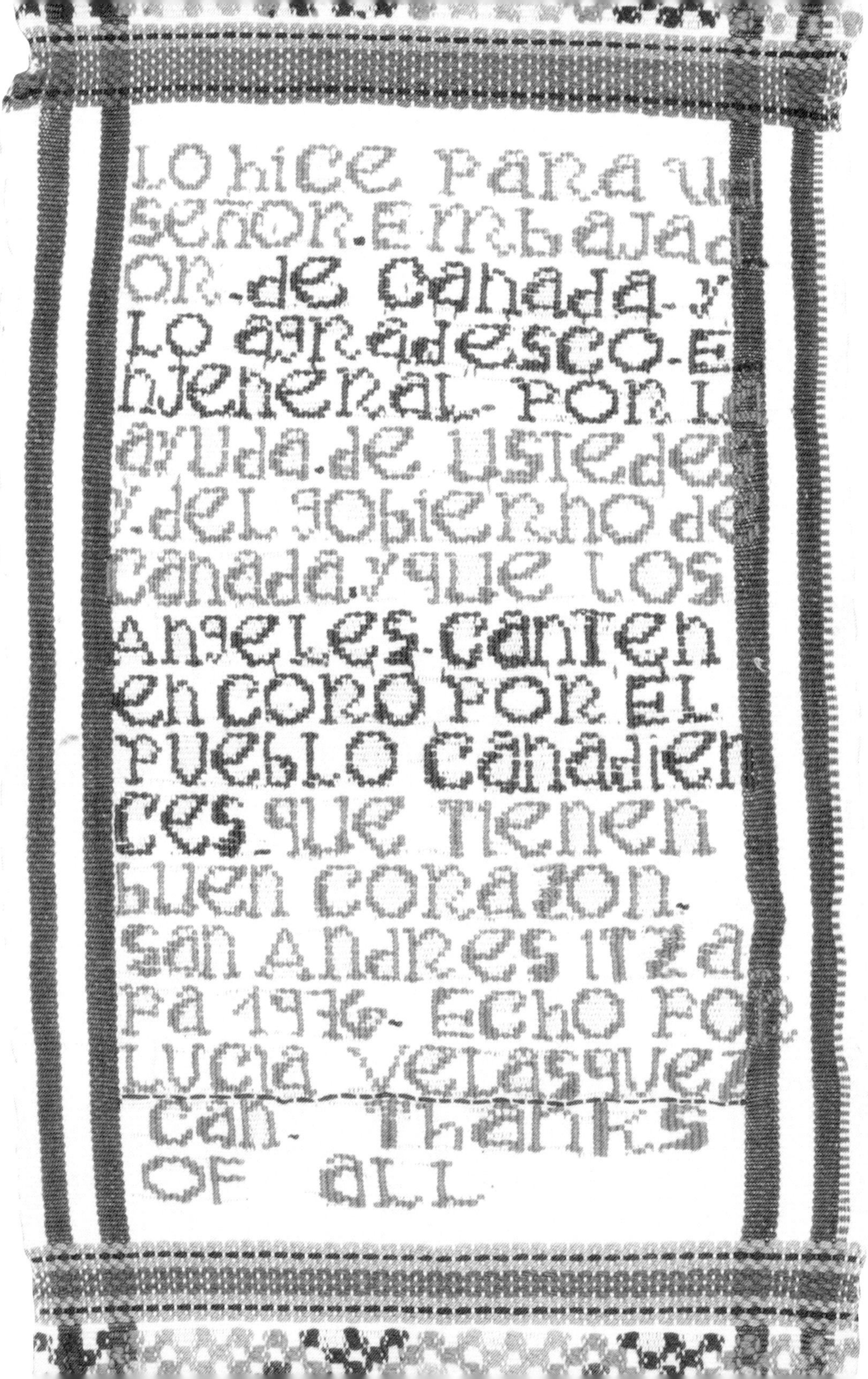

LO HICE PARA UN
SEÑOR EMBAJAD
OR DE CANADA. Y
LO AGRADESCO E
NJENERAL. POR L
AYUDA DE USTEDE
Y DEL JOBIERNO DE
CANADA. YQUE LOS
ANGELES CANTEN
EN CORO POR EL.
PUEBLO CANADIEN
CES QUE TIENEN
BUEN CORAZON.
SAN ANDRES ITZA
PA 1976. ECHO POR.
LUCIA VELASQUEZ
CAN. THANKS
OF ALL

James C. Langley

# WOVEN TRIBUTES
## Maya earthquake victims give thanks for Canadian aid

# HOMMAGES TISSÉS
## Les victimes mayas d'un tremblement de terre remercient le Canada de son aide

Beneath one of the most beautiful landscapes in the world—the volcanic mountains and lapidary lakes of highland Guatemala—lurks a perennial menace: the tectonic plates, whose periodic clashes bring devastation to the country. The years 1773, 1816 and 1902 are recalled for their legacy of death and damage, but they were exceeded in our time by the disaster that struck Guatemala early in the morning of February 4, 1976. It is recorded that within 39 seconds 23,000 people died, 76,000 were injured, and whole towns were levelled to the ground. Roads were rendered impassable, and essential services failed.

With dual accreditation to Guatemala and Mexico, I was living in Mexico City at the time. But the Chargé d'Affaires at the Canadian Embassy in Guatemala City, Trade Commissioner Clive Carruthers, was awakened at three o'clock that morning by the metronomic swaying of the tall, slim

Derrière le paysage virginal tout en montagnes et en lacs des hautes terres du Guatemala, un des plus beaux paysages du monde, se cache une éternelle menace : les plaques tectoniques. Périodiquement, ces plaques s'entrechoquent et entraînent la dévastation du pays. Et si les séismes des années 1773, 1816 et 1902 sont restés marqués dans les annales pour leurs terribles bilans, celui qui a secoué le pays tôt le matin du 4 février 1976 a surpassé tous les autres dans son œuvre destructrice. En 39 secondes, 23 000 personnes ont péri, 76 000 ont été blessées, des villes entières ont été rasées, les routes sont devenues impraticables et les services essentiels ont été interrompus.

Diplomate doublement accrédité au Guatemala et au Mexique, je vivais à l'époque à Mexico, mais le délégué commercial et chargé d'affaires à l'ambassade du Canada à Guatemala City, M. Clive Carruthers, a été réveillé à 3 h ce matin-là par le balancement métronomique de l'immeuble au sommet duquel il avait son

Fig. 65 (detail)
Panel, San Andrés Itzapa, 1976, woven by Lucia Velasquez, Kaqchikel Maya

cotton and acrylic, supplementary weft on plain-weave ground, 95 x 21 cm

Gift of Annette Langley, T2010.9.2
Photo: Maciek Linowski

Fig. 65 (détail)
Panneau, San Andrés Itzapa, 1976, tissé par Lucia Velasquez, Maya Kaqchikel

coton, fil acrylique, fils de trame supplémentaire sur fond tissé uni, 95 x 21 cm

Don d'Annette Langley, T2010.9.2
Photo : Maciek Linowski

apartment building where he was living on the top floor. As the movement ceased, his first thought was for his staff: he checked the phones—they were dead. He wondered whether the stairway, 13 storeys high and his only access to the apartment, had survived the earthquake. The narrow shaft was inky black, but the stairs appeared intact. Cautiously, he made his way down to the garage. Pushing aside a block of fallen concrete, he drove his car into the dark, silent city through widespread devastation to check on each of the Canadian members of the staff. Fortunately, all were well. He then went to the office block in which the Embassy was located. Again luck was with us and the building still stood, but with a vertical cleft that left it slightly askew: after climbing to the sixth floor, one had to jump across a nine-inch gap. Checking the phones again, Clive found an international line open and phoned the emergency duty officer at External Affairs to alert him to the disaster. Thus the stage was set for Canada's rapid response to the urgent appeal for foreign assistance made later that day by President Laugerud.

The needs were enormous, and it was a real puzzle knowing where to direct Canada's aid. By a happy coincidence, the Embassy knew of several villages along the Motagua fault in the mountainous area near Chimaltenango: these had been all but destroyed by the quake, and we offered to reconstruct one or more of them. The initial choice fell on San Andrés Itzapa, roughly between the town of Chimaltenango and Antigua, the ancient capital.

The Canadian relief programme, ably organized in Canada by CIDA, began with the arrival of RCAF Hercules aircraft ferrying blankets, essential foods, and the shovels, wheel-barrows and other basic tools required for reconstruction. The use of this aid was to be left to local authority; such, however, was the damage and chaos left by the earthquake that Clive had perforce to become the active director of the project. This task he discharged with typical energy and ingenuity. Through friends in the airport administration, he obtained a free hanger in which the mounting supplies from the Hercules aircraft were stored until needed at San Andrés. Friends were recruited to work as volunteers on site; they were later joined by members

appartement. Quand le mouvement a cessé, il a d'abord pensé à son personnel. Il a vérifié son téléphone, mais le service était coupé. Il s'est demandé si les escaliers, hauts de treize étages et le seul moyen d'accès à l'appartement, avaient tenu bon. La cage d'escalier était plongée dans l'obscurité, mais tout semblait intact. Prudemment, Clive est descendu jusqu'au garage. Après avoir dû repousser un bloc de ciment qui s'était détaché, il est parti avec sa voiture à travers les rues sombres, silencieuses et dévastées de la ville. Un par un, il est allé voir les membres de la délégation canadienne qui, heureusement, n'avaient pas été blessés. Il s'est ensuite rendu au complexe où était située l'ambassade et, là encore, il a constaté que, par bonheur, l'édifice avait tenu. Par contre, il était un peu incliné et une fissure le parcourait. Au sixième étage, Clive a dû enjamber une crevasse de 20 cm. Après avoir vérifié à nouveau les appareils téléphoniques, il a trouvé une ligne internationale ouverte et a appelé l'agent de service aux Affaires étrangères pour l'avertir de la catastrophe. Du coup, quand le président Laugerud du Guatemala a lancé un appel d'urgence à l'aide plus tard ce jour-là, le Canada était prêt à répondre.

Les besoins étaient énormes et il n'a pas été facile de déterminer où envoyer toute l'aide canadienne. Par bonheur, le personnel de l'ambassade connaissait plusieurs villages le long de la faille Motagua, dans la région montagneuse voisine de Chimaltenango : tous ces villages avaient été détruits et nous avons offert d'en reconstruire. Au départ, nous avons concentré notre aide sur le village de San Andrés, Itzapa, situé à peu près à mi-chemin entre Chimaltenango et Antigua, l'ancienne capitale.

Les secours canadiens, efficacement orchestrés au Canada par l'ACDI, ont commencé à être déployés à l'aide d'avions Hercules de l'Aviation royale canadienne qui ont livré des couvertures, des aliments essentiels, des pelles, des brouettes et d'autres outils nécessaires à la reconstruction. Il revenait aux autorités locales de décider de la manière d'utiliser cette aide. Cependant, les dommages et le chaos étaient tels que Clive a fini par devenir en réalité le directeur du projet. Il s'est acquitté de cette tâche avec son énergie et son ingéniosité habituelles. Par l'intermédiaire d'amis à l'administration aéroportuaire, il a réussi à mettre la main sur un hangar où il a été possible d'entreposer

of a hippy commune, 'The Plenty Group', that coincidentally had a farm near Carleton Place, Ontario. A noted orthopaedic surgeon, Dr. Frederico Labbé, offered to treat the worst of the injured—typically those with bodies broken by the falling beams and heavy tiled roofs when the adobe walls of their houses collapsed.

I reached Guatemala as soon as outsiders could be accommodated. Roads were still blocked by landslides but San Andrés, while remote, was accessible. Only a few of some 1200 houses were still standing. A thick layer of adobe dust covered the ground and rose in clouds as we walked through the featureless landscape. Here and there, small groups of Kaqchikel Maya sat motionless, or prodded listlessly in the dust for lost possessions. Property boundaries had vanished, and homeowners would not quit their plots of land for fear of irrevocable loss.

It was evident that the reconstruction could only succeed as a cooperative endeavour by all the villagers. Everything was to be provided free to those willing to join in this effort, but first it was essential to restore confidence between the Kaqchikel and ladino communities, eroded by ancient suspicion and fears of the unknown future. Clive found ready allies in the village schoolmaster, a ladino, and indigenous community leaders. As a priority, he arranged for the University of San Carlos to send teams of student architects to survey the village and mark lot boundaries. A Reconstruction Committee of leading villagers was established. This was the beginning of a great communal effort.

As often as other duties allowed, I visited Guatemala to underwrite Clive's efforts and to confirm Canada's continuing dedication to the project. Invariably, we visited San Andrés and later San José Poaquil—a village further north—when Canada became involved in its reconstruction. What most strikes me about these contacts was the extraordinary gratitude of the local population for Canada's assistance. They were desperately poor; their means of livelihood were disrupted, yet often they would insist that we join them in celebrating the progress of reconstruction with a communal meal of chicken, black beans and tortillas prepared by the women of the village.

gratuitement les cargaisons des avions Hercules jusqu'à ce que San Andrés soit prêt à les utiliser. Il a recruté des amis pour qu'ils travaillent comme bénévoles sur le chantier. Plus tard, des membres d'une commune hippy, le « Plenty Group », qui, soit dit en passant, avait une ferme près de Carleton Place en Ontario, sont venus grossir les rangs des travailleurs. Un chirurgien orthopédique renommé, le dr Frédéric Labbé, a offert de soigner les blessés les plus graves. C'était généralement des personnes qui s'étaient trouvées coincées dans l'effondrement de leur maison d'adobe et qui avaient été blessées par la chute de poutres ou de toitures.

Dès que j'ai pu trouver à m'héberger, je me suis rendu au Guatemala. Les routes étaient encore coupées par les glissements de terrain, mais San Andrés, malgré son isolement, était accessible. Seules quelques rares maisons sur les 1 200 d'origine restaient debout. Une épaisse couche de poudre d'adobe couvrait le sol et formait des nuages à chacun de nos pas. Le paysage était méconnaissable. Ici et là, des Mayas Kaqchikel étaient assis, immobiles, alors que d'autres fouillaient les débris, leurs gestes marqués par la lassitude. Les propriétés n'étaient plus balisées, aussi les habitants craignaient-ils de quitter leur terrain de peur de connaître des pertes encore plus irrévocables.

De toute évidence, pour que la reconstruction réussisse, il fallait que tous les villageois y participent, qu'elle devienne une entreprise commune. Tous ceux qui voulaient se joindre à l'effort de reconstruction avaient droit aux matériaux gratuitement, mais pour commencer, il a fallu rétablir la confiance entre les communautés Kaqchikel et ladinas, et surmonter les méfiances héritées du passé et la peur de l'avenir. Clive a trouvé des alliés solides chez le maître d'école, un ladino, et les dirigeants de la communauté indigène. Il a commencé par obtenir de l'Université de San Carlos qu'elle envoie des équipes d'étudiants en architecture pour qu'ils fassent l'arpentage du village et délimitent les propriétés. Un comité de la reconstruction, composé de dignitaires locaux, a été formé. Cela a été le début d'un formidable effort communautaire.

Aussi souvent que j'ai pu, je suis allé au Guatemala pour soutenir les efforts de Clive et confirmer l'engagement du Canada pour le projet. Invariablement, nous visitions San

But their principal expressions of gratitude were woven. Weaving, one of the great art forms of Guatemala, has a long tradition. San Andrés was no exception, and it was the local beauty queen—perhaps at the instigation of the cofradía—who first pressed into my hands, as a token of local gratitude, a backstrap loom and partially-woven length of cloth. This was followed later by other gifts, notably the small woven panel (fig.65) depicting angels and a communion chalice with a dedication that can be translated as:

> 'I made this for you, Mr Ambassador, and I thank you for your help and that of the government of Canada and may the angels sing in chorus for the people of Canada who are of good heart. San Andrés Itzapa 1976.
> Woven by Lucia Velasquez.'

A large woven wall hanging from the School Reconstruction Committee of Chipuac Totonicapán—one of seven rural schools reconstructed with Canadian assistance—is yet another local response to Canada's aid for the victims of Guatemala's great earthquake.

Andrés. Par la suite, quand le Canada a étendu ses efforts à San José Poaquil, un village plus au nord, je poussais mes visites jusque-là. Ce qui m'a frappé le plus au cours de mes voyages a été l'extraordinaire gratitude des populations. Ces gens étaient désespérément pauvres; leurs moyens de subsistance perdus, ils insistaient pourtant pour que nous nous joignions à eux dans des célébrations de la reconstruction. Un repas communal de poulet, de haricots noirs et de tortillas préparé par les femmes du village était alors servi.

Mais leur principal moyen d'exprimer leur gratitude passait par le tissage. Cette forme d'art, l'une des plus pratiquées au Guatemala, s'appuie sur une longue tradition dont San Andrés n'est pas exclu. C'est la reine de beauté locale, peut-être à l'initiative de la cofradía, qui m'a remis un jour en remerciement de la part de la communauté un métier à courroie dorsale et une bande de tissu partiellement tissée. D'autres cadeaux ont suivi, notamment le petit panneau tissé (fig. 65) qui illustre des anges et un calice, accompagnés d'une dédicace que je traduis librement comme suit :

> « J'ai fait ceci pour vous, Monsieur l'ambassadeur, pour vous remercier de votre aide et de celle du gouvernement du Canada. Je prie pour que le chœur des anges salue la générosité des Canadiens! San Andrés, Itzapa, 1976.
> Tissé par Lucia Velasquez. »

Une large tenture tissée, don du Comité de la reconstruction de l'école de Chipuac Totonicapán, une des sept écoles rurales reconstruites avec l'aide canadienne, est un autre témoignage local de la reconnaissance envers le Canada des victimes du grand séisme.

Fig. 65
**Panel, San Andrés Itzapa, 1976,
woven by Lucia Velasquez,
Kaqchikel Maya**

cotton and acrylic, supplementary weft
on plain-weave ground, 95 x 21 cm

Gift of Annette Langley, T2010.9.2
Photo: Maciek Linowski

Fig. 65
**Panneau, San Andrés Itzapa, 1976,
tissé par Lucia Velasquez,
Maya Kaqchikel**

coton, fil acrylique, fils de trame
supplémentaire sur fond tissé uni,
95 x 21 cm

Don de Annette Langley, T2010.9.2
Photo : Maciek Linowski

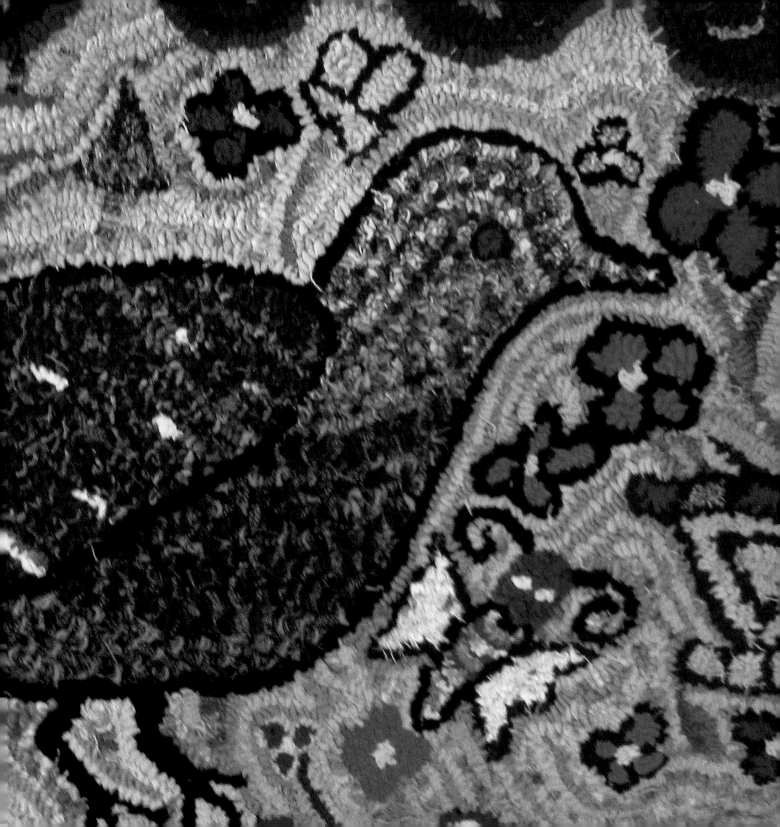

Mary Anne Wise

# RUG HOOKING in GUATEMALA
# Le CROCHETAGE de TAPIS au GUATEMALA

In 2009, I was invited—together with my friend and fellow textile artist, Jody Slocum—to teach rug hooking to members of Thirteen Threads (Oxlajuj B'atz'), an empowerment organization for Maya women. Located in Panajachel (Sololá), Thirteen Threads teaches democracy skills, offers classes on health, and suggests ways for women to widen their economic opportunities. The goal is to grow stronger communities and families from the 'inside out'. Teaching a skill like rug hooking perfectly suited their mission.

Twenty-nine women participated in the first class. To attend classes at Thirteen Threads is to experience a stimulating mini-vacation. Relieved of domestic duties at home, the women get a break from childcare and cooking. Healthy meals are delivered to the classroom. In the evening, when classes have concluded for the day, they pile onto foam pads pulled out of storage. Like women at rug camps everywhere, they gossip and laugh into the night.

My plan was to teach technique, using locally available materials. We would hook with fabric strips, cut from used clothing purchased at the pacas—the used clothing stores

En 2009, mon amie Jody Slocum et moi, toutes deux artistes textiles, avons été invitées à enseigner le crochetage de tapis à des membres de Thirteen Threads (Oxlajuj B'atz'). Établi dans la ville de Panajachel (Sololá), cet organisme a pour mission de favoriser l'autonomisation des femmes mayas. Il enseigne l'exercice de la démocratie, offre des cours sur la santé et propose aux femmes des moyens d'élargir leurs débouchés économiques. Son objectif ultime est de contribuer au renforcement des collectivités et des familles par un « rayonnement de l'intérieur ». L'enseignement du crochetage de tapis s'insérait parfaitement dans cette mission.

Le premier cours a attiré 29 femmes. La participation aux cours offerts par Thirteen Threads apporte l'occasion de vivre de mini-vacances stimulantes. Libérées de leurs tâches domestiques, les femmes n'ont pas à se soucier des repas à préparer, ni des soins à donner aux enfants. Des mets sains leur sont livrés directement en classe. Le soir, après les cours, elles s'installent sur des matelas en mousse qu'on entrepose le jour. Comme toutes les femmes qui participent à de tels camps ailleurs, elles bavardent et rient jusque tard dans la nuit.

Hooked rug by Carmen Maldonado, 2011, 131 x 61 cm. The design is inspired by traje from Santiago Atitlán. (detail)

Photo: Jody Slocum

Tapis crocheté par Carmen Maldonado, 2011, 131 x 61 cm. Le design est inspiré du traje de Santiago Atitlán. (détail)

Photo : Jody Slocum

that pop up everywhere. We would hook with whatever we could find: almost any fibre content except wool, because sorters cull wool clothing before it arrives in Guatemala.

Provided with only a two-day time slot, participants had to jump in and learn to pull loops. Each woman was given the same pattern that I had traced onto burlap. Appearing confident, the students fell into a rhythm, working the hook in and out of the ground cloth. As their designs took shape, we commented on how individual colour choices made the same pattern appear unique.

When the workshop ended, as if on cue, the women stood to express their gratitude. Several speeches were translated from K'iche', because the student did not speak Spanish. Everyone was grateful to Thirteen Threads for an opportunity to learn a new skill. Everyone also expressed hope that rug hooking would improve the financial life of their families.

Rug hooking in Guatemala might have ended there, had it not been for Yolanda Calgua Morales and Rosa García García —two outgoing and confident cooperative leaders. While hemming their first rugs in a market one day, they fell into conversation with a visiting tourist, who asked to see more work. To Yolanda and Rosa's surprise, the tourist promptly bought all their completed rugs. Motivated by these sales, both women lobbied Thirteen Threads for more classes.

Two years later, an accomplished rug hooker who had participated in the first class confessed to me: 'When we returned home after that workshop, our husbands looked at our rugs and said this new rug hooking technique was nothing. They said, "who is going to want to buy something made out of old clothes?" Our husbands said we had wasted our time'. But now, as the men watched Yolanda and Rosa distribute rug money to their wives, the husbands saw the possibilities. They began to source hooking materials.

Thirteen Threads saw the possibilities, too. They also understood that none of the women could afford the time or the materials to hook a rug that did not sell. Criteria for design and craftsmanship standards would need to be established. Ramona Kirschenman, director at Thirteen Threads, discussed the next curriculum with us. We concluded that the best

J'avais eu l'idée d'enseigner des techniques de crochetage à partir de matières locales. Je m'étais dit que nous utiliserions des bandes de tissus découpées dans des vêtements usés, achetés dans les pacas — des friperies qui poussent comme des champignons là-bas. Je savais que nous pouvions crocheter n'importe quelle fibre qui nous tomberait sous la main, sauf la laine, car des trieuses retirent les vêtements en laine avant leur arrivée au Guatemala.

Leur formation ne durant que deux jours, les participantes devaient vite « embarquer » pour apprendre à tirer des boucles. Chaque femme se voyait remettre le même motif, que j'avais dessiné sur de la toile de jute. Se montrant confiantes, les élèves ont fini par trouver leur rythme, maniant leur crochet sur la toile de fond avec brio. Les commentaires fusaient à mesure que le travail avançait, notamment sur le choix des couleurs qui rendait unique l'ouvrage de chacune, même si le dessin était le même.

À la fin de chaque atelier, comme par enchantement, toutes les femmes se levaient pour exprimer leur gratitude. Bien souvent, ne parlant pas espagnol, elles s'exprimaient en k'iche' et avaient besoin d'une interprète. Chacune était reconnaissante à Thirteen Threads de lui avoir donné la chance d'apprendre un nouveau savoir-faire. Chacune nourrissait l'espoir d'améliorer la situation de sa famille par le crochetage de tapis.

L'aventure du crochetage de tapis au Guatemala aurait pu se terminer là, n'eût été l'audace de Yolanda Calgua Morales et de Rosa García García, deux chefs de coopérative extraverties et sûres d'elles. Un jour, alors qu'elles ourlaient leurs premiers tapis en plein marché, elles ont engagé la conversation avec un touriste de passage, curieux de voir leurs autres ouvrages. À la surprise de Yolanda et de Rosa, le touriste acheta sur-le-champ toute leur production terminée. Encouragées par une telle vente, les deux femmes ont pressé Thirteen Threads d'offrir plus de cours.

Deux ans plus tard, une as du crochet qui avait participé au premier cours m'a confié comment les maris avaient d'abord réagi : « De retour chez nous, après cet atelier, ils ont regardé nos tapis et dit que cette nouvelle technique de crochetage ne valait rien. Ils se demandaient bien qui voudrait acheter quelque chose fait avec de vieux vêtements. Ils nous répétaient que nous avions perdu notre temps. » Aujourd'hui, toutefois, les hommes voient

Hooked rug by Jessica Calgua,
2011, 145 x 64 cm. The design depicts
traje from Chichicastenango where
she lives.

Photo: Jody Slocum

Tapis crocheté par Jessica Calgua,
2011, 145 x 64 cm. Le dessin présente
un traje de Chichicastenango où elle vit.

Photo : Jody Slocum

strategy, while not expedient, must focus on providing 'tools' for the design 'toolbox'. Working together with the students, we agreed on a design framework based on their extraordinary textile heritage.

Class sessions focused on extracting small embroidered or brocaded elements from village-specific clothing to create rug designs. Students who were also weavers proudly modelled their own hand-woven clothing in front of the class. Their huipiles and sashes became design object lessons. After rapid-fire, warm-up sketches—performed to help ease the tension for those unused to working with pencil and paper—tricks were taught to enlarge scale. Like building blocks, lessons from one session built upon the previous session. Eventually, the design curriculum took place over seven sessions and three years.

During a class in 2010, a chance comment sparked emotional testimonials. Realizing that the women were now selling all their rugs, I asked how they spent their rug money. I had guessed, probably naively, that they made home repairs or bought extra school supplies for their children. One by one, each student told her moving story. All of us listening gained a deeper appreciation for the obstacles she had overcome. We also 'felt' her unshakeable confidence, and 'saw' the dignity she gained by persevering and accomplishing her artistic goals.

*María Sacolxot: 'I used to go to the mountains every day to get wood to sell. It was very hard work. Walking up and down the mountain, I worked like a man. I still feel the work in my body. Now that I can sell rugs, I don't have to go to the mountain anymore. I am a lucky woman, and I am very grateful for this opportunity.'*

*Yolanda Calgua Morales: 'There is a new potable water project in my village, but you need an expensive faucet to tap into the pipe. I bought six faucets for six families. Now, they have good water in their homes.'*

Yolanda et Rosa remettre à leurs femmes les recettes de la vente de tapis, et se rendent compte des possibilités que cela ouvre. Ils ont même commencé à chercher des matériaux à crocheter.

Les possibilités, Thirteen Threads aussi les a vues. L'organisme a également compris qu'aucune femme ne pouvait se permettre de consacrer du temps ou des fibres au crochetage d'un tapis qui ne se vendrait pas. Il fallait donc établir des critères pour la conception et la fabrication des tapis crochetés. Ramona Kirschenman, directrice de Thirteen Threads, nous a rencontrées pour discuter des prochains cours de crochet. Nous sommes arrivées à la conclusion que le mieux, sinon le plus rapide, serait de doter les élèves d'outils pour une éventuelle « trousse à motifs ». Nous nous sommes entendues avec elles sur la création d'un ensemble de motifs qui s'inspireraient de leur riche patrimoine textile.

Les cours consistaient à trouver de petits éléments brodés ou brochés de vêtements villageois typiques pour créer, à partir de là, des motifs de tapis. Les femmes qui savaient tisser montraient fièrement les vêtements qu'elles avaient tissés à la classe. Leurs huipiles et leurs ceintures-écharpes devenaient l'objet de leçons. Après quelques esquisses rapides, réalisées pour « se réchauffer » et donner confiance aux élèves moins habituées à travailler avec du papier et un crayon, nous avons expliqué des techniques d'agrandissement à l'échelle. Comme des pièces de lego, chaque leçon venait ajouter à la précédente, si bien que les cours sur les motifs se sont finalement étirés sur sept ateliers et trois ans.

Pendant un cours donné en 2010, un commentaire providentiel a déclenché tout un lot de témoignages émouvants. Constatant que les femmes parvenaient désormais à vendre tous leurs tapis, je demandais comment elles dépensaient l'argent ainsi gagné. J'imaginais, un peu naïvement sans doute, qu'elles avaient pu payer des réparations à leur maison ou acheter d'autres fournitures scolaires pour leurs enfants. Une à une, chaque femme se mit à raconter son histoire, et nous avons alors pris conscience ensemble, encore plus, de tous les obstacles qu'elles avaient surmontés. Nous pouvions « sentir » la foi inébranlable de ces femmes et « voir » la dignité qu'elles avaient acquise à force de persévérance, dans leur quête artistique.

*Jessica Calgua Morales:* 'When I was ten years old, my front teeth fell out. We didn't have money to go to a dentist. When I sold my first big rug, I bought new teeth.'

*Carmen Maldonado García:* 'Before these classes, I believed I was nothing. I was a low person. I believed that, because I don't read, can't write, and speak very little Spanish. But now that I am selling my rugs, I have a different opinion of myself. I see the world differently, and I am happy because I never thought that would be possible. I am not a low person anymore.'

In 2012, a corps of seven talented rug hookers participated in a teacher-training program. The new teachers are now training more women in the art of rug hooking. Traditional textile patterns are re-interpreted, and forgotten motifs are re-introduced as rug designs. Motivated to improve their lives, with enough tenacity to overcome one roadblock after another, the new teachers are convincing role models. Their triumphs inspire belief in the power of art to transform lives.

*María Sacolxot :* Tous les jours, j'allais chercher du bois à vendre dans la montagne. C'était très dur. Il fallait constamment monter et descendre, et travailler comme un homme. Mon corps se ressent encore de tout cet effort. Je n'ai plus à aller en montagne depuis que je vends des tapis. J'ai conscience de ma chance et j'en suis très reconnaissante.

*Yolanda Calgua Morales :* Il y a un nouveau projet d'eau potable dans mon village, mais, pour puiser dans la conduite, il faut avoir un robinet très coûteux. J'ai pu acheter six robinets pour six familles. Ces familles ont maintenant accès à de la bonne eau.

*Jessica Calgua Morales :* J'ai perdu mes dents de devant quand j'avais dix ans. Nous n'avions pas d'argent pour aller voir un dentiste. Quand j'ai vendu mon premier grand tapis, j'ai pu m'offrir de nouvelles dents.

*Carmen Maldonado García :* Avant de suivre ces cours, je me croyais bonne à rien. J'avais une faible estime de moi parce que je ne savais ni lire, ni écrire, et que je parlais très peu l'espagnol. Mon opinion a changé depuis que je vends mes tapis. Je ne vois plus la vie de la même manière et j'en suis heureuse : jamais je n'aurais cru cela possible. Je ne suis plus insignifiante.

En 2012, sept talentueuses artisanes du crochet ont participé à un programme de formation pour devenir enseignantes. Elles peuvent maintenant montrer les rudiments du crochetage de tapis à d'autres femmes. On assiste à une réinterprétation de l'art textile traditionnel et au retour de motifs oubliés sur les tapis. Résolues à améliorer leur vie et assez tenaces pour aplanir un sentier marqué d'embûches, les nouvelles enseignantes sont de véritables modèles. L'art a le pouvoir de transformer des vies, et leur réussite le prouve.

# REFERENCES/RÉFÉRENCES

Adams, Richard y Santiago Bastos.
2003 *Las relaciones étnicas en Guatemala* 1944-2000.
Antigua, Guatemala: CIRMA.

Ak'abal, Humberto.
2002 *Entre patojos*. Guatemala: Editorial Piedra Santa.

Altman, Patricia B. and Caroline D. West.
1992 *Threads of Identity: Maya Costume of the 1960s in Highland Guatemala*.
Los Angeles: Fowler Museum of Cultural History, UCLA.

Anderson, Marilyn.
1978 *Guatemalan Textiles Today*. New York: Watson-Guptill Publications.

Annis, Sheldon.
1987 *God and Production in a Guatemalan Town*. Austin:
University of Texas Press.

Ardren, Traci.
2006 *Flowers for the Earth Lord: Guatemalan Textiles from the Permanent Collection*. Coral Gables, FL: Lowe Art Museum, University of Miami.

Arriola de Geng, Olga.
1991 *Los tejedores en Guatemala y la influencia española en el traje indígena*. Guatemala City: Litografías Modernas de Guatemala.

Asturias de Barrios, Linda.
1985 *Comalapa: Native Dress and Its Significance*. Guatemala City: Ixchel Museum of Indigenous Dress.

AVANSCO Asociación para el Avance de las Ciencias Sociales en Guatemala. Directora Clara Arenas. 1998 El reto de no ser racista...una víctima del racismo. Bases para un trabajo pedagógico contra la discriminación y el racismo. Guatemala City: AVANCSO.

Bjerregaard, Lena.
1977 *Techniques of Guatemalan Weaving*. New York: Van Nostrand Reinhold.

Camus, Manuela.
2000/2001 "Mujeres y mayas: sus distintas expresiones", INDIANA 17/18.

Cardoza, Luis y Aragón.
*Guatemala, las líneas de su mano*. 4 ed. Mexico: Fondo de Cultura Economica.

Carlsen, Robert S. and Martin Prechtel.
1991 "The flowering of the dead: An interpretation of Highland Maya culture."
*Man* n.s., 26, no. 1 (March): 23-42.

Carmack, Robert M.
1981 *The Quiché Mayas of Utatlán: The Evolution of a Highland Guatemala Kingdom*. Civilization of the American Indian Series, Book 155. Norman: University of Oklahoma Press.

Deuss, Krystyna.
1981 *Indian Costumes from Guatemala*. Twickenham, UK: CTD Printers.

1996 "A Glimpse of Guatemala." Ghereh: *International Carpet & Textile Review*, 10 (December): 25-35.

Early, John D.
2000 *La población de Guatemala. La estructura y evolución demográfica de un sistema campesino*. Anne M. Luna y Hedí H. Gaytán, traductores. Guatemala: CIRMA.

Esquit, Edgar.
2004 "Las rutas que nos ofrece el pasado y presente: activismo político, historia y pueblo maya." En Memorias del mestizaje. *Cultura Política en Centroamérica de 1920 al presente*, editores Darío Euraque, Jeffrey I. Gould y Charles R. Hale. Guatemala: Nqwaj Wuj Guatemala.

Fischer, Edward F. and Carol Hendrickson.
2003 *Tecpán Guatemala: A Modern Maya town in a global and local context*. Westview Case Studies in Anthropology. Boulder, Colorado: Westview Press.

Gallo Armosino, Antonio.
2001 *Los mayas del siglo XVI*. Guatemala: Universidad Rafael Landívar.

Green, Linda.
1999 *Fear as a Way of Life: Mayan Widows in Rural Guatemala*. New York: Columbia University Press.

Gordon, Beverly.
1993 *Identity in Cloth: Continuity and Survival in Guatemalan Textiles*. Madison: University of Wisconsin-Madison.

Hassler, Gitta.
2006 *Maya-Textilien aus Guatemala: Kleider für die Seele*. Zürich: Völkerkundemuseum der Universität Zürich, Stuttgart: Arnoldsche Verlagsanstalt.

Hecht, Ann.
2001 *Textiles from Guatemala*. London: The British Museum.

Hendrickson, Carol.
1995 *Weaving Identities: Construction of Dress and Self in a Highland Guatemala Town*. Austin: University of Texas Press.

Knoke de Arathoon, Barbara.
2007 *Sown Symbols*. Guatemala City: Ixchel Museum of Indigenous Dress.

Martin, Jodi.
2003 "Contextualizing the debate on weaving groups and development: Mayan weaving and the changing politics of identity in Guatemala." *Totem: The University of Western Ontario Journal of Anthropology*, 11 (1): article 9: 66-69.

Menchú, Rigoberta.
2011 "Our History is a Living History." *The Guatemala Reader*, Greg Grandin, Deborah T. Levenson, Elizabeth Oglesby, eds., 509-512. Durham and London: Duke University Press.

Milton Niles, John.
1991 *Bosquejo de la historia y el estado actual de Guatemala*, traductor Jorge Luján Muñoz. Publicación Especial No.35. Guatemala: Academia de Geografía e Historia de Guatemala.

Miralbes de Polanco, Rosario and Barbara Knoke de Arathoon.
2006 "Modern Variations on Maya clothing in the twenty-first Century." *In Flowers for the Earth Lord: Guatemalan Textiles from the Permanent Collection*, 151-155 . See Ardren 2006. Coral Gables, FL: Lowe Art Museum, University of Miami.

O'Neale, Lila M.
1945 *Textiles of Highland Guatemala*. Publication 567. Washington, D.C: Carnegie Institution of Washington.

Odland, J. Claire.
2006 *Fashioning Tradition : Maya huipiles in the Field Museum Collections*. Fieldiana, Anthropology, n.s. no. 38. Chicago: Field Museum of Natural History.

Ortega y Gasset, José.
1937 *La rebelión de las masas*. Edición Original: (Según la edición francesa) Edición Electrónica: 2004. www.laeditorialvirtual.com.ar (consulta 15:00, 30.12.2012).

Osborne, Lilly de Jongh.
1965 *Indian Crafts of Guatemala and El Salvador*. Norman, Oklahoma: University of Oklahoma Press.

Otzoy, Irma.
1996 "Maya Clothing and Identity." In *Maya Cultural Activism in Guatemala*, edited by Edward F. Fischer and R. McKenna Brown, 141-155. Austin: University of Texas Press.

Pancake, Cherri.
1991 "Communicative Imagery in Guatemalan Indian Dress." In *Textile Traditions of Mesoamerica and the Andes: An Anthology*, edited by Margot Blum Schevill, Janet Catherine Berlo and Edward B. Dwyer, 45-137. Austin: University of Texas Press.

Pettersen, Carmen L.
1976 *The Maya of Guatemala: Their Life and Dress*. Guatemala City: Ixchel Museum of Traditional Dress; Seattle, WA: distributed by the University of Washington Press.

Popenoe, Wilson.
1922 "Regional Differences in the Guatemalan Huipil." *Annales do XX Congreso Internacional de Americanistas*. Río de Janeiro. Nendeln/Liechtenstein: Kraus Reprint, 1968.

Prechtel, Martin and Robert S. Carlsen.
1988 "Weaving and cosmos amongst the Tzutujil Maya." *Res 15* (Spring): 122-132.

Rosenbaum, Brenda and Goldin, Liliana.
1997 "New exchange processes in the international market: The re-making of Maya artisan production in Guatemala." *Museum Anthropology* 21, no. 2 (September): 72–82.

Rowe, Ann Pollard.
1981 *A Century of Change in Guatemalan Textiles*. Washington, DC: Textile Museum; New York: Center for Inter-American Relations.

Schevill, Margot Blum.
1985 *Evolution in Textile Design from the Highlands of Guatemala: seventeen male tzutes, or headdresses from Chichicastenango in the collection of the Lowie Museum of Anthropology, University of California, Berkeley*. Berkeley: Lowie Museum of Anthropology; Seattle, WA: distributed by the University of Washington Press.

1993 *Maya Textiles of Guatemala: the Gustavus A. Eisen Collection*, 1902, the Hearst Museum of Anthropology, the University of California at Berkeley. Austin: University of Texas Press.

Sperlich, Norbert and Elizabeth Katz Sperlich.
1980 *Guatemalan Backstrap Weaving*. Norman: University of Oklahoma Press.

Tortora, Phyllis G. and Robert S. Merkel, eds.
2002 *Fairchild's Dictionary of Textiles*. 7th ed. New York: Fairchild Publications.

# GLOSSARY

**Backstrap Loom**
Portable loom, tensioned between the weaver's body at
one end and a tree or post at the other.

**Brocading**
Method of patterning cloth with supplementary weft threads.
The contrasting threads float over several warps at a time, standing
out from the ground weave (or background).

**Capixay**
Man's woollen outer garment resembling a tunic.

**Chamarro / Chamarra**
Man's woollen top-garment, with or without sleeves.

**Cinta**
Women's decorative hair ribbon.

**Cofrade**
Male official of a cofradía.

**Cofradía**
Hierarchical religious sodality: members have both
church and civil responsibilities.

**Corte**
Woman's wrap-around skirt.

**Costumbre**
Custom or tradition, often involving cofradía activities.

**Faja**
Belt or sash, worn around the waist by men and women.

**Gauze Weave**
Technique whereby selected warp threads are crossed
and held in place by the weft to create an open, lace-like effect.

**Huipil (Huipiles)**
Woman's sleeveless tunic, usually brocaded or embroidered.

**Ikat or Jaspe**
Dye-resist technique: threads are tightly bound, then dipped
in a dye-bath; when the binding is removed, the jaspe designs are revealed.

**Ixcaco / Cuyuscate**
A short-staple, tawny-colored cotton native to Guatemala
(*Gossypium mexicanum*).

**Ladino (Ladina)**
Guatemalan of mixed European and Maya descent.

**Marcador**
A pattern or diagram of designs, stitches and colours to be copied
in embroidery or supplementary weft brocade. These patterns are
produced especially for cross-stitch.

# GLOSSAIRE

**Armure gaze de tour**
Technique de tissage où certains fils de chaîne sont torsadés ou ramenés en
faisceau et maintenus en place par la trame pour créer des jours qui donnent
un effet de dentelle.

**Armure simple ou tissage uni**
Technique de tissage de base à deux éléments : le fil de trame passe
régulièrement par-dessus et par-dessous les fils de chaîne.

**Brochage**
Méthode de création de motifs sur un tissu à l'aide des fils de trame
supplémentaires. Les fils contrastants flottent sur plusieurs fils de trame à la
fois et ressortent sur le fond.

**Capixay**
Genre de tunique de laine pour hommes, à porter comme vêtement extérieur.

**Chaîne**
Fils du tissu dans le sens de la longueur.

**Chamarro/Chamarra**
Vêtement extérieur de laine pour hommes, avec ou sans manches.

**Cinta**
Ruban décoratif que les femmes portent dans les cheveux.

**Cofrade**
Représentant masculin d'une cofradía.

**Cofradía**
Congrégation religieuse hiérarchisée, dont les membres ont à la fois des
responsabilités civiles et religieuses.

**Corte**
Jupe pareo.

**Costumbre**
Coutume ou tradition, souvent en référence aux activités de la cofradía.

**Faja**
Ceinture ou écharpe portée autour de la taille, par les hommes ou les femmes.

**Huipil**
Tunique sans manches, portée par les femmes, généralement brochée ou
brodée.

**Ikat ou jaspe**
Technique de teinture qui consiste à nouer des fils ensemble pour qu'ils
soient très serrés et à les tremper dans un bain de teinture. Les variations de
couleurs (jaspe) apparaissent quand on retire les liens.

**Ixcaco/cuyuscate**
Coton à fibres courtes, de couleur brune, originaire du Guatemala
(*Gossypium mexicanum*).

**Mestizo (Mestiza)**
Guatemalan of mixed European and indigenous descent.

**Morral**
Shoulder-bag, sometimes made of looped fibre, used to carry food, tools, clothing and other items needed in the fields or on journeys.

**Perraje**
Shawl or wrap.

**Plain Weave**
Basic, two-element weaving technique: one thread (the weft) regularly crosses over and under the other (the warp).

**Randa**
Decorative hand stitching used to join the cloth panels of garments and multi-purpose cloths.

**Rodillera**
Man's small woollen blanket: worn over trousers, it is sometimes wrapped around the hips from the waist to the knees.

**Sobrehuipil / Over-huipil**
Larger huipil worn over an everyday huipil, usually for ceremonial occasions.

**Supplementary Weft**
Contrasting thread additional to the ground weave.

**Su't / Tzute**
Multi-purpose cloth, used as a headcloth, carrying cloth or serviette.

**Tocoyal**
A headdress worn by women in Santiago Atitlán, made of a long woven ribbon that is coiled around the head.

**Traje**
Traditional dress.

**Treadle loom / Foot loom**
A pedal-operated floor loom of European origin used to weave panels for garments such as skirts.

**Warp**
Threads that run lengthways in a fabric.

**Weft**
Transverse threads that interlace with the warp.

**Ladino (Ladina)**
Guatemaltèque d'origine mixte maya et européenne

**Marcador**
Patron ou dessin de motifs, de points et de couleurs, qui servent à guider une broderie ou un brochage. Ces patrons sont surtout conçus pour le point de croix.

**Métier à courroie dorsale**
Métier portatif, tendu entre le corps de la tisserande à une extrémité et un arbre ou un poteau à l'autre.

**Métier droit ou à pédales**
Métier droit d'origine européenne qui fonctionne à l'aide de pédales et qui sert à tisser des longueurs de tissus pour les vêtements comme les jupes.

**Métisse**
Guatémaltèque d'origine mixte européenne et indigène.

**Morral**
Sac à bandoulière, parfois de fibre bouclée, qui sert à transporter des aliments, des outils, des vêtements et d'autres objets nécessaires au travail des champs ou en voyage.

**Perraje**
Châle

**Randa**
Couture décorative à la main pour assembler les panneaux d'un vêtement ou différents morceaux de tissus en vue d'usages divers.

**Rodillera**
Petite couverture de laine pour hommes. Ces derniers la portent parfois enroulée autour des hanches, entre la taille et les genoux.

**Sobrehuipil**
Huipil plus grand porté par-dessus le huipil de tous les jours, habituellement pour des cérémonies.

**Su't / Tzute**
Morceau de tissu polyvalent qui peut servir de fichu, de sac ou de serviette.

**Tocoyal**
Longue bande de tissu qui sert à former une coiffure.

**Traje**
Costume traditionnel.

**Trame**
Fils horizontaux qui traversent la chaîne.

**Trame supplémentaire**
Fils contrastants ajoutés au tissu de fond.

## CONTRIBUTORS

### James C. Langley

James C. Langley, CM, PhD. joined the Canadian Foreign Service in 1950, and was Canadian Ambassador to Mexico and Guatemala from 1975-79. He resigned from the Foreign Service in 1979 to pursue studies in archaeology. In 2003, Langley was appointed a Member of the Order of Canada for his contributions to Canadian diplomacy and archaeological studies. He currently serves as Vice-President of the Canadian Society for Mesoamerican Studies.

### Rosario Miralbés de Polanco

Rosario Miralbés de Polanco is Curator Emeritus of the Ixchel Museum of Indigenous Textiles in Guatemala City. A weaver and specialist in textile conservation, she is the author of several Museo Ixchel publications on Maya textiles. In 2004, she was honoured by the Instituto Nacional de Turismo de Guatemala and was named Cultural Ambassadress for Guatemala.

### Ann Pollard Rowe

Ann Pollard Rowe spent most of her career as Curator of Western Hemisphere Textiles at The Textile Museum in Washington, DC, and is now Research Associate there. She has curated many exhibitions, and wrote the catalogues for *Warp-Patterned Weaves of the Andes*, *A Century of Change in Guatemalan Textiles*, *Costumes and Featherwork of the Lords of Chimor*, and *Hidden Threads of Peru: Q'ero Textiles* (with John Cohen). She also co-authored and edited three books on Ecuadorian textiles. These books, and her many articles, describe the stylistic development and the techniques and structures of both archaeological and ethnographic textiles of Latin America.

### Donna E. Stewart

Donna E. Stewart MD, FRCPC is a University Professor in the Faculty of Medicine at the University of Toronto, the Director of Women's Health and a Senior Scientist at Toronto General Hospital and Research Institute. She is a life-long collector of Latin American ethnic textiles, especially those of Guatemala.

### Mary Anne Wise

Mary Anne Wise is an American textile artist, curator and visionary advocate for indigenous textile traditions. She is nationally recognized as an accomplished weaver, inspired creator of one-of-a-kind hooked rugs, and is a rug hooking design teacher. In 2009, she co-founded Cultural Cloth— a shop that promotes sales to support women textile practitioners from around the world, including her Guatemalan rug hooking students. For more information go to: www.culturalcloth.com.

## COLLABORATEURS

### James C. Langley

James C. Langley, C.M., Ph.D., s'est joint au Service extérieur canadien en 1950 où il a occupé le poste d'ambassadeur du Canada au Mexique et au Guatemala de 1975 à 1979. Il a quitté le Service extérieur en 1979 pour poursuivre des études en archéologie. En 2003, il a été décoré de l'Ordre du Canada pour ses contributions à la diplomatie et aux études archéologiques canadiennes. Il est actuellement le vice-président de la Société canadienne d'études mésoaméricaines.

### Rosario Miralbés de Polanco

Rosario Miralbés de Polanco est conservatrice émérite au Museo Ixchel del Traje Indígena à Guatemala. Tisserande et spécialiste de la conservation des textiles, elle est l'auteur de plusieurs publications du Musée sur les textiles mayas. En 2004, elle a reçu un hommage de l'Instituto Nacional de Turismo de Guatemala et a été nommée ambassadrice culturelle du Guatemala.

### Ann Pollard Rowe

Ann Pollard Rowe a passé la plus grande partie de sa carrière au Textile Museum de Washington, où elle était conservatrice des textiles de l'hémisphère occidental. Elle y est maintenant associée de recherche. Elle a monté de nombreuses expositions et a écrit les catalogues des expositions *Warp-Patterned Weaves of the Andes*, *A Century of Change in Guatemalan Textiles*, *Costumes and Featherwork of the Lords of Chimor* et *Hidden Threads of Peru: Q'ero Textiles* (avec John Cohen). Elle est aussi co-auteur et éditeur de trois livres sur les textiles équatoriens. Dans ces livres et de nombreux articles, elle décrit l'évolution stylistique et les techniques et structures des textiles archéologiques et ethnographiques d'Amérique latine.

### Donna E. Stewart

Donna E. Stewart, M.D., FRCPC, est professeur à la Faculté de médecine de l'Université de Toronto, directrice du programme de santé des femmes au University Health Network et scientifique principale au Toronto General Hospital and Research Institute. Toute sa vie, elle a collectionné des textiles ethniques latinoaméricains, en particulier des textiles guatémaltèques.

### Mary Anne Wise

Mary Anne Wise est une artiste textile américaine, conservatrice et défenseur visionnaire des traditions textiles indigènes. Connue dans tout le Canada pour ses tissages et ses créations inspirées et très originales de tapis au crochet, elle enseigne le dessin pour cette technique de tapis. En 2009, elle a cofondé Cultural Cloth, un magasin qui soutient par ses ventes les tisserandes et autres artisanes textiles du monde, dont les élèves de ses classes de tapis au crochet du Guatemala. Pour obtenir de plus amples renseignements, consulter www.culturalcloth.com.

Cofradía officials, Chichicastenango, 2010

Homme de la cofradía, Chichicastenango, 2010

Photo: Anne Girard de Marroquín

Photo : Anne Girard de Marroquín

## CURATOR'S ACKNOWLEDGEMENTS

*Ancestry and Artistry* is the product of the enthusiasm and efforts of many individuals and organizations whose generous assistance and passion have brought this exhibition into being. I would like to acknowledge the support of the Board of Trustees at the Textile Museum of Canada, and the dedication of staff and volunteers who contribute their skills and energy to each project we undertake. I offer my thanks to this catalogue's authors: James C. Langley, Rosario Miralbés de Polanco, Ann Pollard Rowe, Donna E. Stewart and Mary Anne Wise have brought their own unique voices to this exploration of Maya textile traditions in Guatemala. The works of photo-artists Andrea Aragón and Verónica Riedel, and photojournalist Jean-Marie Simon, brilliantly convey the lives and experiences of the contemporary Maya. I would like to express my gratitude to Joan VanDuzer who has, for several years, envisioned a Guatemalan textile exhibition at the Museum, and has generously provided support towards this goal. She has shared her special friends from Guatemala: I have had the privilege of meeting many of them, in particular Yolanda Colom, and have benefited from the inspiration and the insight that they have shared.

The Museum is also grateful to Annette Langley and others who have made generous donations to the project. *Ancestry and Artistry* would not be possible without the support of the donors to the collection, and the Textile Museum is fortunate to be the beneficiary of a landmark gift from Donna E. Stewart —200 unique Guatemalan textiles collected over half a century. These vibrant artifacts have enriched our Guatemalan collection and exhibition immeasurably. I want to express my sincere appreciation to project assistant Tara Bursey for her thoughtful and creative contributions to every aspect of the project, and to volunteer researcher Hiroko Karuno for her dedicated work on the technical analysis of the textiles. I am

## REMERCIEMENTS de la CONSERVATRICE

L'exposition *Héritage ancestral et artisanat* est le fruit du vif enthousiasme, des efforts passionnés et de l'aide généreuse de nombreuses personnes et organisations sans lesquels elle n'aurait jamais vu le jour. J'aimerais remercier le Conseil d'administration du Textile Museum of Canada pour son soutien, de même que tous les employés et bénévoles du Musée qui mettent à chacun de nos projets tant d'énergie et de compétence. Je remercie aussi les auteurs qui ont contribué à ce catalogue : James C. Langley, Rosario Miralbés de Polanco, Ann Pollard Rowe, Donna E. Stewart et Mary Anne Wise. Ils ont ajouté leurs propres voix à cette exploration des traditions textiles mayas du Guatemala. Les œuvres des artistes photographes Andrea Aragón et Verónica Riedel, et de la photojournaliste Jean-Marie Simon, témoignent brillamment des vies et des expériences des Mayas d'aujourd'hui. Je souhaite en outre exprimer ma gratitude à Joan VanDuzer qui caressait depuis plusieurs années le rêve de monter une exposition sur les textiles guatémaltèques au Musée et qui a généreusement soutenu tout le projet. Elle nous a mis en contact avec ses amies très spéciales du Guatemala. Ainsi, j'ai eu le privilège de rencontrer bon nombre d'entre elles, dont Yolanda Colom, et j'ai pu profiter de leur savoir et de leur inspiration.

Le Musée tient à dire aussi toute sa reconnaissance à Annette Langley et aux autres pour leurs dons si généreux au projet. *Héritage ancestral et artisanat* n'aurait pas été possible sans les donateurs qui ont tellement enrichi la collection du Musée. En particulier, le Textile Museum est l'heureux bénéficiaire d'un don exceptionnel de Donna E. Stewart qui consiste en 200 pièces textiles guatémaltèques collectionnées sur plus de 50 ans. Grâce à elles, cette exposition et la collection d'artefacts guatémaltèques du Musée gagnent une nouvelle éloquence. Je tiens à exprimer de plus ma sincère appréciation à Tara Bursey, l'adjointe au projet, qui l'a appuyé dans tous ses aspects par son approche créative et réfléchie, de même qu'à notre chercheuse bénévole, Hiroko

deeply grateful to editor and Spanish translator Chloë Sayer for sharing her specialist knowledge. I would like to thank Max Allen for his help and Ken McGuffin for arranging the visit of Maya weaver María Xoch Ajcalon to lead workshops on backstrap weaving at the TMC; and past Board member Sally Bongard for her work on the project's outreach and development.

I owe thanks to my colleagues Michele Hardy at the Nickle Arts Museum in Calgary, Alberta, and Scott Marsden at the Reach Gallery in Abbotsford, British Columbia, who will host the exhibition as it tours the country. In Guatemala, I am indebted to our partner the Ixchel Museum of Indigenous Textiles, Director María Renee Aguilar and Education Director Lorena Bianchi, for their assistance and collaboration with the TMC on the Guatemala-Canada school project, visualized by Patricia Phelan in Toronto, and for the use of photographs from their extensive archives. The Museum is sincerely grateful to Raymond E. Senuk, President, Friends of the Ixchel Museum, for the loan of exceptional Maya textiles from the FOIM collection and his private collection; to Arti Chandaria and Christine Waddington for lending their textiles to the exhibition; and to Mary Anne Wise for the loan of hooked rugs made by made by Jessica Calgua, Zoila Calgua, and Carmen Maldonado. I would like to thank my husband Tom McGreevy and my children for their support.

I offer my heartfelt gratitude to those Maya people in Guatemala, who generously shared their knowledge with me.

The exhibition celebrates the rich and vital artistry of Maya textile traditions; the local expressions of generations of Maya weavers are a gift to the rest of the world, providing a window into Maya culture, and a symbol of their resilience and survival as a distinct people.

*Roxane Shaughnessy*
*Curator, Textile Museum of Canada*

following page:
Men in traje, Todos Santos
(Huehuetenango), 1978.

Photo: Roxane Shaughnessy

page suivante:
Hommes en traje, Todos Santos
(Huehuetenango), 1978.

Photo : Roxane Shaughnessy

Karuno, qui a fait preuve de beaucoup de dévouement dans son analyse technique des textiles. Enfin, je suis extrêmement reconnaissante à notre réviseure et traductrice de l'espagnol Chloë Sayer qui nous a fait profiter de son expertise. J'aimerais en outre remercier Max Allen pour son aide et Ken McGuffin qui a organisé la visite de la tisserande maya María Xoch Ajcalon afin qui donnera des ateliers sur le tissage au TMC, sans oublier l'ancienne membre du conseil d'administration, Sally Bongard, qui a contribué au développement et au rayonnement du projet.

Je dois également des remerciements à mes collègues Michele Hardy du Nickle Arts Museum de Calgary, en Alberta, et Scott Marsden de la Reach Gallery, à Abbotsford, en Colombie-Britannique. Ils accueilleront l'exposition lors de sa tournée du pays. Au Guatemala, j'ai pu compter sur la précieuse assistance de la directrice de l'Ixchel Museum of Indigenous Textiles, María Renee Aguilar, et de la directrice de l'Éducation du même Musée, Lorena Bianchi. Ces personnes ont aussi collaboré avec nous dans le cadre du projet scolaire Guatemala-Canada, conçu par Patricia Phelan de Toronto, et nous ont autorisés à puiser dans leurs très riches archives photographiques. Enfin, le Textile Museum est très reconnaissant au président des Amis de l'Ixchel Museum, Raymond E. Senuk, qui a consenti à lui prêter des textiles mayas exceptionnels de la collection des Amis et de sa collection privée, à Arti Chandaria et à Christine Waddington, qui ont aussi prêté des textiles pour l'exposition; de même qu'à Mary Anne Wise qui a prêté des tapis crochetés fabriqués par Jessica Calgua, Zoila Calgua, et Carmen Maldonado. J'aimerais remercier mon mari Tom McGreevy et mes enfants de leur soutien.

Je remercie du fond du cœur tous les Mayas du Guatemala qui ont si généreusement partagé leurs connaissances avec moi.

L'exposition célèbre les traditions textiles mayas dans toute leur richesse et vitalité. Expressions locales de générations de tisserandes, les textiles qui en résultent constituent ni plus ni moins un cadeau au reste du monde, une fenêtre ouverte sur cette culture indigène, un symbole de la capacité d'adaptation des Mayas et de leur survie en tant que peuple distinct.

*Roxane Shaughnessy*
*Conservatrice, Textile Museum of Canada*